Christoph Türcke

Umsonst leiden

Christoph Türcke

Umsonst leiden

Der Schlüssel zu Hiob

zuKlampen!

Christoph Türcke, Jahrgang 1948, ist emeritierter Professor für Philosophie an der Hochschule für Grafik und Buchkunst in Leipzig, Autor zahlreicher Bücher (u. a. *Philosophie des Traums* (2008) und *Mehr! Philosophie des Geldes* (2015)) und erster Preisträger des Sigmund-Freud-Kulturpreises (2009). Bei zu Klampen erschienen von ihm zuletzt *Luther – Steckbrief eines Überzeugungstäters* (2016) und *Nietzsches Vernunftpassion. Aufsätze und Reden* (2017).

www.zuklampen.de

Umschlaggestaltung: Hildendesign · München · www.hildendesign.de
Umschlagmotiv: Wolke: Shutterstock.com
Hand: Bernadino Luini/San Maurizio a Milano.

Satz: Germano Wallmann · Gronau · www.geisterwort.de
Druck: CPI – Clausen & Bosse · Leck

ISBN 978-3-86674-562-9

Bibliografische Information der Deutschen Nationalbibliothek
Die Deutsche Nationalbibliothek verzeichnet diese Publikation in der Deutschen Nationalbibliografie; detaillierte bibliografische Daten sind im Internet über <http://dnb.dnb.de> abrufbar.

Inhalt

Verzeichnis der Abkürzungen

Gen	Genesis (1. Mose)
Ex	Exodus (2. Mose)
Nu	Numeri (4. Mose)
Jos	Josua
1Sam	1. Samuel
1Kön	1. Könige
Hi	Hiob
Ps	Psalmen
Ez	Ezechiel
Jer	Jeremia
Mt	Mattäusevangelium
Röm	Brief des Paulus an die Römer

Einleitung

Das Wort »Hiobsbotschaft« sitzt tief in der Umgangssprache – als Inbegriff der Schreckensnachricht, die wie aus heiterem Himmel kommt. Kurz nacheinander treffen drei Boten bei Hiob ein und berichten ihm, daß seine großen Viehbestände samt Wachpersonal dahin sind: entführt, verbrannt, erschlagen. Ein vierter bringt ihm die Nachricht, daß ein Sturm seine zehn Kinder auf einen Schlag getötet hat. Und dann wird Hiob auch noch von Aussatz befallen. Aus größtem Wohlergehen sinkt er in tiefstes Unglück. Von seinem Umgang damit handelt das biblische Buch Hiob. Es gehört zur Weltliteratur. Nicht nur wegen seiner explosiven Sprachkraft. Es ist auch eine literarische Weltpremiere: der erste große Diskurs über Äquivalenz – und vielleicht der abgründigste. An seinem Schluß weiß man kaum mehr, wo einem der Kopf steht. Da wendet sich Hiobs Geschick nämlich unversehens wieder in die Gegenrichtung: aus tiefster Not zu einem märchenhaften *Happy end*. Wie aber ist er dorthin gelangt? Hat er es sich durch Leiden, durch Standhaftigkeit oder ein Schuldeingeständnis sauer verdient? Oder hat er es einfach bloß als Glück empfangen – genauso unmotiviert wie zuvor sein Unglück? War es ein gerechter Ausgleich oder eine Überkompensation? Das läßt sich deswegen so schwer sagen, weil Äquivalenz

(Gleichwertigkeit) so schwer faßbar ist. Wo in aller Welt sind Dinge oder Sachverhalte jemals vollkommen gleichwertig? Sind nicht bloß *wir* es, die Verschiedenes gleichsetzen und dann behaupten, es *sei* gleich?

Tatsache ist, daß Menschen ständig Gleichsetzung betreiben. Wer ein bestimmtes Etwas »Stuhl« nennt, hat es flugs mit anderen Gestalten von ähnlicher Größe und Form verglichen und den Eindruck gewonnen: Ja, es gehört in diese Gruppe. Begriffe sind Gruppenmerkzeichen. Sie sehen von ungezählten Besonderheiten an Einzeldingen ab. Andrerseits kehren sie stets auch eine Gruppenbesonderheit hervor. So stellt der Begriff »Stuhl« klar, daß Stühle von allen andern Möbeln unterschieden sind. Vergleichen ist immer beides: Gleichsetzung von Verschiedenem und Hervorhebung von Verschiedenem an Gleichem. Daß man bestimmte Dinge wegen ihrer großen Verschiedenheit »gar nicht vergleichen könne«, ist eine gedankenlose Redeweise. Umgekehrt: Nur durch Vergleich stellt sich heraus, wie verschieden sie sind. Denken ohne Vergleichen funktioniert nicht.

Friedrich Nietzsche ist sogar noch einen Schritt weiter gegangen: »Preise machen, Werthe abmessen, Äquivalente ausdenken, tauschen – das hat in einem solchen Maasse das allererste Denken des Menschen präoccupiert, dass es in einem gewissen Sinne *das* Denken ist: hier ist die älteste Art Scharfsinn herangezüchtet worden«. Und was schärfte ihn? »Das Gefühl der Schuld«, sagt Nietzsche. Er vermutet es »in dem ältesten und ursprünglichsten Personen-Verhältniss«, nämlich »dem

Verhältniss zwischen Käufer und Verkäufer, Gläubiger und Schuldner«.[1] Doch wo hatten die frühen Menschen, die als Jäger und Sammler Wald und Steppe durchstreiften, mit Gläubigern zu tun? Nicht im Kreise ihrer Stammesgenossen. Mit denen teilten sie schlecht und recht das gemeinsam Erbeutete. Und andere Stämme kamen wohl als Feinde oder Bundesgenossen in Betracht, aber nicht als Gläubiger. Die ersten Gläubiger waren imaginäre. Man wähnte sie in den übermächtigen Naturgewalten sitzen, die sich von Zeit zu Zeit in Gestalt von Unwettern, Erdbeben, wilden Tieren und andern Schrecken entluden. Diese Entladung als Zorn wahrzunehmen und den Zorn als Gläubigerforderung empfinden zu lernen: das war einer der großen Menschwerdungskniffe. Wo es eine Gläubigerforderung gibt, da besteht Schuld. Schuld plagt, aber sie öffnet auch einen Ausweg. Wer das Geschuldete entrichtet, befriedet den Gläubiger und kann so seinen furchtbaren Unwillen in Wohlwollen und Schutz umwenden.

Das älteste Denken war Wunschdenken. Es entstammte dem Wunsch, Verhältnismäßigkeit herzustellen – durch Schuldbegleichung: Zahlung. Die ersten Zahlungen waren Opfergaben. Man schlachtete den höheren Mächten etwas vom Kostbarsten, was man hatte: etwa eigene Stammesgenossen. Das war furchtbar – und doch ein Versuch der Schadensbegrenzung. Während

1 Friedrich Nietzsche, *Zur Genealogie der Moral*, Kritische Studienausgabe (KSA), herausgegeben von Giorgio Colli und Mazzino Montinari, Band 5, Deutscher Taschenbuch Verlag, München 1988, S. 306 und 305

die Naturgewalt, wenn sie sich entlud, über das ganze Kollektiv herfiel, fiel das Kollektiv nun über einen Teil seiner selbst her. Es wiederholte den traumatisierenden Naturschrecken, aber es dosierte ihn dabei; opferte es doch immer nur Einzelne, um sich als Ganzes zu erhalten.

Natürlich hat das rituelle Hinschlachten kostbarster Lebewesen nie wirklich höhere Mächte besänftigt, nie eine ihnen gegenüber bestehende Schuld beglichen. Keine sakrale Opfergabe war je verhältnismäßig; aber jede war auf Verhältnismäßigkeit aus und kultivierte dabei jene »älteste Art Scharfsinn«, die danach trachtete, den Opferkult und die aus ihm hervorgehende rituelle und soziale Ordnung immer verhältnismäßiger zu machen – immer maßvoller, gemäßigter, berechenbarer. Kein Zufall, daß in etlichen antiken Hochkulturen die Waage zu einem Sinnbild aufstieg. Wie sich Gewichte und Mengen gegeneinander aufwiegen lassen, so sollte es auch mit Taten und Worten geschehen. Auch ihnen sollte das Äquivalent zuteil werden, das sie verdienen – wenn nicht in diesem Leben, so spätestens nach dem Tode. Im alten Ägypten gab es die Vorstellung, daß die Gottheit (Anubis oder Ma'at) das Herz des Gestorbenen auf die eine Waagschale legt und auf die andere die Schriftrolle, die den Wortlaut der Gerechtigkeit (den Willen der Ma'at) enthält. Nur das Herz, das diesem Wortlaut entspricht, verschafft der dazugehörigen Person ein angenehmes Leben im Jenseits.[2] In der *Ilias*

2 Cf. Jan Assmann, *Ma'at. Gerechtigkeit und Unsterblichkeit im Alten Ägypten*, C.H. Beck, München 2001, S. 132 ff.

gibt es eine Schicksalswaage, die Zeus in der Hand hält, während sie das Los der Griechen und das der Trojaner gegeneinander abwiegt.[3]

Bei Jahwe, dem Gott Israels, findet sich hingegen keine Waage. In jener vergeistigten Form, die er nach der Rückkehr der Juden aus der babylonischen Gefangenschaft nach Jerusalem angenommen hat, hat er überhaupt keine sinnlichen Attribute mehr. Er gilt seinem Volk als der unendlich erhabene Weltschöpfer – als solcher aber auch als Garant dafür, daß es in der Welt stets mit rechten Dingen zugeht. Selbst der furchtbare Niedergang, den Israel im Laufe von gut vier Jahrhunderten seit seiner Glanzzeit unter den Königen David und Salomo bis zu seinem absoluten Tiefpunkt im sechsten vorchristlichen Jahrhundert durchgemacht hat, als der Jerusalemer Tempel zerstört und die Oberschicht des Volkes ins babylonische Exil verschleppt wurde – er stellt sich im Angesicht des Weltschöpfers als vollkommen rechtmäßige Langzeitbestrafung dar. Jahwe hatte Israel als sein Volk erwählt. Aber es hatte sich dieser Erwählung als derart unwürdig gezeigt, daß er schließlich, um es zu züchtigen, politische Großmächte in Dienst nahm; zuerst die Assyrer, dann die Babylonier.

Aber diejenigen, die die Strafzeit bis zur Neige durchlitten und dennoch an ihrem Gott festgehalten hatten, ja ihn überhaupt erst im völligen Desaster als den einzig existierenden, das ganze Weltgeschehen lenkenden zu erkennen begannen – sie durften eine völlig unverhoffte

3 Homer, *Ilias* VIII, 69 ff.

Wende ihres Geschicks erleben. Jahwe schien nun statt der Babylonier nämlich die Perser gesandt zu haben. Sie besiegten die Babylonier und gestatteten den verschleppten Juden die Rückkehr nach Jerusalem und den Wiederaufbau des Tempels. Die lange Kollektivstrafe war abgebüßt. Die Wiederherstellung stand an. Sie war der Lohn, der Jahwes Getreuen zufiel. Es waltete darin die gleiche Verhältnismäßigkeit wie zuvor bei der langwierigen Strafaktion. Jahwe mußte dafür keine Waage halten; hielt er doch die ganze Welt im Lot. Er war die personifizierte Äquivalenz.

Dieser Gedanke gab dem kleinen, eigentlich schon zerriebenen Volk, dem sich unversehens eine neue Selbstfindung eröffnete, unschätzbaren Halt. Doch die Euphorie des Wiederaufbaus dauerte nicht ewig. Als das neue Gemeinwesen in neue Widrigkeiten geriet, begann auch die göttliche Äquivalenz ihre Kehrseite zu zeigen. Jener Jahwe, den die Juden bei der Rückkehr aus Babylon nach Jerusalem mitbrachten, war ja nicht mehr nur der Gott seines Volkes, sondern als Weltschöpfer zugleich der Gott aller Menschen. Wenn er tatsächlich jederzeit gerechten Ausgleich schuf, dann für jedes Individuum weltweit, nicht nur für ein bestimmtes Kollektiv. Dazu paßte nicht mehr, was noch in den zehn Geboten stand: daß Jahwe »ein eifriger [= eifersüchtiger] Gott« sei, der »heimsucht der Väter Missetat an den Kindern bis in das dritte und vierte Glied« (Ex 20,5), also Sippenstrafen über Generationen hin verhängt. Ein gerechter Gott tut so etwas nicht. Er mißt jedem den Gegenwert seiner Taten, Worte und Gedanken direkt zu. Das heißt aber auch: Was immer einem Individuum widerfährt, es geschieht ihm recht. Es ist äquivalent, auch wenn der Betroffene nicht sogleich einsehen kann, wofür.

Das war der Preis des Monotheismus: die Entrückung des Stammes- und Volksgottes Jahwe in die erhabene Ferne des Weltenschöpfers, der zwar das Ganze im Lot hält und jeden Einzelnen im Blick hat, aber niemandem mehr irgend etwas durchgehen läßt. Damit stülpt sich der Äquivalenzgedanke um. Steinzeitmenschen hatten es nicht ausgehalten, daß die Naturgewalten maßlos und launisch über sie herfielen. Deshalb suchten sie den Ausgleich mit ihnen. Die Opferdarbringung sollte Äquivalenz allererst stiften und Mäßigung, Milde und Wohlergehen in die Welt bringen. Einem Weltschöpfer hingegen kann man schlecht Äquivalenz antragen. Er personifiziert sie ja immer schon. Nicht nur das sakrale Opfer, sondern auch jedes profane Tun und Leiden ist vorab Bestandteil einer kosmischen Äquivalenzmechanik, die er im Lot hält. Nirgends läßt sie freilich Raum für Milde, Nachlaß, Vergebung. Gott ist in jedem Augenblick treu und gerecht, aber unerbittlich.

Gegen diesen Weltschöpfer als gnadenloses Äquivalenzprinzip begehrt das Buch Hiob auf – mit einer Wucht, die das restaurierte nachexilische Judentum am Nerv traf. Es konnte sie weder aushalten noch unterdrükken. Das Buch wurde nicht vernichtet, aber es erhielt sich nur in zensierter Form. Anders konnte es keinen Eingang in den Kanon der heiligen Schriften finden. Erstaunlich genug, daß es überhaupt dorthin gelangte. Doch wie tief reicht die Zensur? Wie viele äußere und innere Zensoren haben an ihr mitgewirkt? Warum besteht das Buch Hiob aus einer kleinen Rahmenerzählung, die vergeblich versucht, eine große, überbordende Abfolge wortgewaltiger Reden und Gegenreden einzufassen? Wie ist dieses rätselhafte Formungetüm zustande gekommen? Darüber gibt es viel Mutmaßung und Streit. Das ändert allerdings nichts an dem heftigen Nein, das aus dem Buch immer wieder hervorbricht: Die Welt wird *nicht* durch Äquivalenz zusammengehalten; es ist Hiob *nicht* recht geschehen, als er in tiefstes Leid gestürzt wurde. Dieses Nein ist der *Basso continuo* des Buches. Es wird durch diverse Gegenstimmen überlagert, aber es verstummt nie. Selbst für das *Happy end*, die glanzvolle Wiederherstellung Hiobs, ist es der vibrierende Resonanzboden.

Dabei fängt die Rahmenerzählung derart schlicht an, daß sie von den Philologen geraume Zeit für ein naives »Volksbuch« gehalten wurde – so unmerklich öffnen sich ihre Abgründe. Sie tritt an keiner Stelle in die vertrauten Fußstapfen der Geschichte Israels. Die Erzväter, Mose, der Exodus, die Landnahme, der Zion, das Königtum, der Tempel – nichts davon wird erwähnt. Die Handlung spielt in einer entrückten, weder geographisch noch zeitlich klar bestimmbaren Eigenwelt. Auch wird Hiob nicht zum Stammvater irgendeines real existierenden Volks oder Geschlechts erklärt. Seine Geschichte endet mit ihm. Er stirbt, in der Fülle irdischen Glücks, »alt und lebenssatt« (Hi 42,17).[4]

4 Zitate aus dem Buch Hiob werden im Folgenden nur noch mit Kapitel- und Verszahlen ausgewiesen.

Wie im Märchen. »Und sie lebten vergnügt bis an ihr Ende«: so oder ähnlich lautet in zahllosen Märchen der Schlußsatz. Warum also sollte die Hioberzählung *kein* Märchen sein? Es wird sich zeigen: Sie ist eines. Allerdings nur ein Märchen*torso*. Und warum bloß ein Torso? Weil, so mein Verdacht, das unversehrte, vollständige Hiob-Märchen schlechterdings unerträglich war – dank seiner nahezu diabolischen Fähigkeit, das gesamte mühsam erarbeitete nachexilische Selbstverständnis des Judentums in wenigen Erzählzügen matt zu setzen. Wenn dieser Verdacht zu Recht besteht, wird er nicht nur das Phänomen Märchen in ein neues Licht rücken. Die Märchenform wird sich auch als der verloren geglaubte Schlüssel zum Betriebsgeheimnis des Buches Hiob erweisen.

Vom Mythos zum Märchen

»Wofür wir Worte haben, darüber sind wir auch schon hinaus.«[5] Nicht, daß es uns nicht mehr zusetzte, aber es bedrückt weniger. Es verliert an Zudringlichkeit. Worte drücken es aus, das heißt, sie kehren es nach außen und teilen es anderen mit. Das erleichtert. Erzählen hat nicht aus Spaß angefangen, sondern aus Not. Und der Herd, an dem erste Erzählfäden gesponnen wurden, war gewiß noch kein häuslich-familiärer, sondern das Opferfeuer, das Zentrum des Heiligtums, an dem sich ein ganzer

5 Friedrich Nietzsche, *Götzen-Dämmerung*, KSA 6, S. 128

Stamm oder Clan zusammenfand und die Rituale zelebrierte, die ihn zu einem Gemeinwesen machten. Die Erzählung kommt dort auf, wo diese Rituale sich nicht mehr von selbst verstehen. In ihrer Entstehungszeit fragt niemand nach ihrem Sinn. Als Notwehrmaßnahmen zur Bewältigung traumatischer Erregung haben sie eine geradezu physiologische Eigenplausibilität, aber auch eine Eigendynamik. Sie spielen sich ebenso ein wie sie sich verändern. Wenn aber im Laufe von Jahrtausenden allmählich vergessen wird, wie sie einst verliefen und was zu ihnen nötigte, laufen sie leer und leiern aus. Sie zeigen Auflösungserscheinungen. Damit aber ist der Bestand des Kollektivs bedroht. Die Restauration der Rituale wird zur sozialen Notwendigkeit. Das ist die Zeit, wo das gesprochene Wort sich nicht mehr damit begnügt, bloß Anhängsel der Alltagsbewältigung zu sein. Es beginnt, sich eine eigene Sphäre zu eröffnen: die der Erzählung. Der Mythos entsteht. Er will mitteilen, wie es zum Ritual gekommen ist, und es dadurch begründen und festigen. Doch wie später bei Bauwerken, so auch hier: Das Restaurierte ist nicht das Ursprüngliche. Die erzählte Ritualentstehung überlagert den wirklichen Hergang. Sie konstruiert ihn aus nicht mehr verstandenen historischen Überbleibseln neu.

Auf Zypern etwa wurden der Aphrodite Schweine dargebracht. Wenn zur Erklärung dieses Ritus der Mythos umlief, daß Adonis, der jugendliche Geliebte der Göttin, einst von einem wilden Eber getötet worden sei,[6] so stellt

6 Ovid, *Metamorphosen* X, 708 ff.

sich die Frage: Warum sollten zahme Schweine immer wieder dafür büßen, daß einmal ein wildes einen schönen jungen Götterliebling getötet hatte? Hier ist dem Ritus nachträglich eine Rationalisierung (Pseudobegründung) untergeschoben worden, die den wirklichen Verlauf auf den Kopf stellt. Nicht daß ein Schwein einen bestimmten Menschen getötet hat, hat zum Schweineopfer geführt; vielmehr hat das Schweineopfer den furchtbaren Brauch, der Göttin ein junges männliches Wesen darzubringen, abgelöst. Ähnliches gilt für den archaischen Brauch der Selbstverletzung bei der Opferdarbringung. Er hat im Zeitalter des Tieropfers seine Verständlichkeit verloren. Doch der Mythos von Kain und Abel weiß noch von dem »Zeichen«, das Jahwe dem Kain machte, damit ihn auf seiner Flucht nach dem Brudermord »niemand erschlage« (Gen 4,15). Nur wer soll das tun? Es gibt ja außer ihm nur noch seine Eltern Adam und Eva, und die bedürfen, um ihren verbliebenen Sohn zu verschonen, keines »Zeichens« an ihm. Das Kainszeichen gewinnt erst Sinn, wenn der Brudermord, der im Bibeltext als einmalige eifersüchtige Affekthandlung daherkommt, als getarntes Menschenopfer begriffen wird: als kollektiver, immer wiederkehrender ritueller Akt. Diejenigen, die ihn vollziehen, machen sich selbst ein blutiges Verschonungszeichen,[7] mit dem sie sich gleichsam impfen gegen das, was sie ihrem »Bruder«

7 Kain heißt wörtlich »Spieß, Lanze« (2. Sam 21,16). Mit andern Worten: Kain hat seinen Namen von dem Gerät, durch welches das Kainszeichen entsteht. Die Keniter von Kain herzuleiten (Num 24,22) ist hingegen eine vernünftelnde nachträgliche Etymologie, genauso wie

antun. So nehmen sie auf doppelte Weise Anteil an seinem Geschick: leiden mit ihm und bringen ihn um.[8]

Der Adonis- und der Kainsmythos sind nur zwei signifikante Beispiele für ein Grundmuster. Natürlich gibt es zahllose andere Mythen, die andere Riten restaurieren, zumal der Ritus nicht blieb, was er war. Seine Wurzel, das Opferritual, wuchs sich zu allen möglichen Initiations-, Hochzeits-, Begräbnis- oder Speiseriten aus. Mythisiert wurden sie dadurch, daß eine Erzählung sie mit dem Leiden oder Tod eines Menschen oder menschenähnlichen Wesens verspann. Der Ritus sollte unantastbar sein, weil durch menschliche Hingabe geheiligt.[9] Eigentlich heißt das griechische Wort *mythos* ja bloß »Erzählung«. Aber es steht für deren früheste Form: die Ursprungs- oder Gründungsgeschichte. In der geht es zunächst um das konstitutive Ritual, nicht um den Weltursprung. Weltentstehungs- und Schöpfungsgeschichten sind Mythen zweiten Grades, ebenso wie die Geschichten vom seligen Zeitalter am Weltanfang und seinem Verfall. Erzählbar werden sie erst in Hochkulturen, die durch weiträumigen Handelsverkehr, Wanderungen und Kriegszüge fähig geworden sind, etwas so Umfassendes wie »Welt« überhaupt zu denken.

die Verbindung von Kain mit dem Verb *qana*: Kain sei von Jahwe »empfangen« (Gen 4,1).

8 Ausführlich hierzu Christoph Türcke, *Vom Kainszeichen zum genetischen Code. Kritische Theorie der Schrift*, C.H. Beck, München 2005

9 Wie übrigens später die christlichen Dome und Kathedralen durch die Reliquie eines Heiligen unter dem Altar.

Auch der Mythos blieb freilich nicht, was er war. Im Zuge seiner Entfaltung franste er ähnlich aus wie zuvor der Ritus. Jene Erzählformen, die man später als Sagen, Fabeln und Märchen bezeichnet, sind ursprünglich Wucherungen des Mythos und anfangs weder von ihm noch voneinander scharf zu scheiden. Wenn in der ältesten erhaltenen Großerzählung, dem *Gilgamesch-Epos*, der Held in tiefer Trauer über den Tod seines Kampfgefährten sich auf die Suche nach dem Kraut der Unsterblichkeit begibt, so ist das bereits ein Motiv, das später auch in vielen Märchen auftaucht. Ebenso sind die zwölf Großtaten, die der griechische Urheros Herakles[10] vollbringt (die Hydra besiegen, den Löwen töten, den Eber fangen, den Augiasstall ausmisten etc.), in verwandelter, meist zarterer Form in die Märchenwelt eingegangen: als praktisch unlösbare Aufgaben, die der Märchenheld mit Hilfe ihm wohlgesonnener Mächte gleichwohl löst. Doch einzelne Motive machen noch kein Märchen. Zu einer eigenen Erzählform wurde es erst dort, wo es die Grundrichtung des Mythos umkehrte. Der endet ja stets traurig. Ein Held geht zugrunde, sei es auf dem Altar oder im Kampf. Das Märchen hingegen geht gut aus. »Und sie lebten glücklich und zufrieden bis an ihr Ende.« »Und wenn sie nicht gestorben sind, so leben sie noch heute.« Oder eben: Er »starb alt und lebenssatt«.

10 Heros ist ein sprachlicher Abkömmling der alten Muttergöttin Hera; Herakles ist lediglich eine Variante davon: »der von Hera Berufene«, will sagen, der von ihr zum Opfer Auserwählte.

Natürlich finden sich längst auch Märchen, die schlecht ausgehen. Aber sie sind Ausnahmen, die die Regel bestätigen. Konstituieren konnte sich das Märchen nur, indem es den mythischen Ausgang in einen glücklichen umwendete. Mit dieser Umwendung allein war es freilich nicht getan. Der ganze Handlungsverlauf mußte davon durchdrungen werden. Märchenhaft wird er erst dort, wo er dem Mythos seine Motive entwendet und in eine unmythische Sphäre entrückt: eine Sphäre ohne Dominanz von Kult und Ritual, ohne klar definierbare geographische Orte und historische Personen. Die Märchensphäre ist zwar voll von mythischen Überbleibseln: Feen, Hexen, Zauberern, Trollen, Riesen, Zwergen und Wundern. Aber all dies Über- und Unnatürliche kommt daher, als sei es ganz natürlich. Die handelnden Personen wundern sich nicht darüber, sie grübeln nicht, sie werden nicht depressiv. Es fehlt ihnen, wie Max Lüthi sagt, jegliche seelische »Innenwelt«[11]. Sie nehmen die Umstände, die sie vorfinden, einfach hin – nicht nur passiv, indem sie sie nicht hinterfragen, sondern auch aktiv, indem sie sie beim Schopf packen, wo immer sie ihnen rettend zu Hilfe kommen. Die Märchenhandlung ist eine Fügung von zunächst widrigen und am Ende dann zumeist glücklichen Umständen, ohne daß eine höhere fügende Instanz – etwa ein weiser oder gnädiger Gott – dahinter sichtbar würde.

11 Max Lüthi, *Das europäische Volksmärchen. Form und Wesen*, Francke, Tübingen [9]1992, S. 37

Was sich dabei in signifikanter Weise wandelt, ist der Charakter der Wiederholung. Die mythische Wiederholung bedeutet ewige Wiederkehr des Gleichen. Sie will ein bestimmtes Ritual präsent, stabil und wiederholbar halten. Das Märchen setzt an der anderen Seite der Wiederholung an: dort, wo etwas immer wieder getan wird, damit es sich schließlich erübrigt. Schon das archaische Opfer hatte beide Seiten. Einerseits suchte es durch regelmäßige Wiederholung die rituelle Ordnung zu verewigen, die Halt und Schutz gewähren sollte. Andrerseits wurde es dargebracht, damit Ruhe und Friede sei. Der tiefste Wunsch in der Opferhandlung ist, daß ihr furchtbares *Da capo* endlich aufhöre. Diesem Wunsch steht das Märchen bei. Oft setzt es dabei auf Zahlen. Zahlen sind im Märchen ähnlich wichtig wie Zauberfiguren und übernatürliche Kräfte. Vorwiegend sind es heilige Zahlen – eins, zwei, drei, vier, sieben und zwölf –, aber sie sind nicht mehr in einem Kult verankert. Sie verwandeln sich in Diener der Märchenhandlung. Da ist der eine Wunsch, den jemand frei bekommt und ihn entweder vertut oder gut zu nutzen weiß. Da sind die zwei gegensätzlich veranlagten Geschwister, die einander bis zum Mord feindselig werden können.

Besonderer Nachdruck aber liegt auf der Drei. Drei Brüder machen sich auf die Suche nach einem Zauberding, aber erst der dritte (meist der jüngste) bringt es heim. Drei Gegner muß der Held überwinden, drei schier unlösbare Aufgaben lösen. Oder er bekommt dreimal die Chance, sich zu bewähren, und erst beim dritten Mal schafft er es. Kaum etwas hat so strukturbildend für den Handlungsverlauf des Märchens gewirkt wie die Dreizahl. Das liegt daran, daß sie seiner spezifischen Wiederholungslogik kongenial ist. Um als Wiederholung kenntlich zu sein, muß etwas mindestens zweimal in gleicher Weise verlaufen. Aber erzählerisch genügt das dann auch. Fünfmal das Gleiche wäre öde. Und das Märchen fesselt durch seine Knappheit. Es zieht aus der alten Magie der Dreizahl (drei Jahreszeiten, drei Tageszeiten, drei Lebensalter, drei Tage Neumond etc.) erzählerische Kraft. Zweimal läuft es gleich, beim dritten Mal läuft es anders. Knapper und spannender ist das gute Ende der Wiederholung nicht darstellbar. Durch Wiederholung den Wiederholungszwang – den mythischen Bann – durchbrechen: das ist geradezu eine Grundmaxime des Märchens und zudem ein Grundmuster menschlicher Befreiungserfahrung.

Die Dreizahl ist einer der elementarsten dramaturgischen Kunstgriffe – und das Märchen nicht von ungefähr eine »Kunstform«[12]. Es stammt keineswegs aus dem Volk. Schon der Mythos war nicht einfach ein Volksprodukt. Keine Erzählform entsteht durch Brainstorming einer Gruppe. Selbst primitivste Narrative bedürfen der Formung durch Individuen. Erst wenn ein Mythos schon da war, wenn er dank priesterlicher Sachkunde eine erste rohe Gestalt gewonnen hatte, konnte ihn die Kultgemeinde durch chorisches Nacherzählen wiederholen, variieren, ausschmücken und verinnerlichen. Mehr noch war das Märchen in seiner

12 Max Lüthi, l.c., S. 6

Entstehungszeit auf individuelle Erzählkraft angewiesen. Es mußte dem Mythos ja erst einmal abgerungen werden. Nur souveräne Erzähler waren dazu in der Lage. Sie mußten sowohl eine priesterliche Bildung haben (eine andere gab es ja noch gar nicht) als auch eine gewisse Distanz zur priesterlichen Funktion. Der Mythos wurde *ex officio*, in Ausübung des priesterlichen Amtes, vorerzählt. Das Märchen ist hingegen eine inoffizielle Erzählform. Sein Rahmen ist nicht die sakrale Feier. Aber ein eigener, nicht-mythischer Erzählraum: wo existierte der? Er dürfte durch das Märchenerzählen überhaupt erst entstanden sein – am ehesten in der vom Tempel unterschiedenen, aber tempelnahen Sphäre großer Höfe, wo Stammesfürsten ihre Gefolge um sich scharten.

Solche Gefolge wollten unterhalten sein – nicht nur materiell durch Teilhabe an den Tributen und der Beute ihrer Häuptlinge. Sie mußten auch ständig bei Laune gehalten werden. In ihrem Kreise konnte eine Erzählform gedeihen, die nicht mehr kultisch reglementiert war, aber auch keine kultischen Standards verletzte, die die mythische Schwere überwand und dem Wunsch nach einem guten Ausgang auf phantastische Weise entgegenkam. Bis das Märchen allerdings so volkstümlich wurde, wie es heute erscheint; bis es am häuslichen Herd der bäuerlichen Landbevölkerung oder in den Werkstätten der Handwerker ankam und dort unterhalb der offiziellen Hochreligion als eine Art Subkultur umging, sind viele Jahrhunderte verstrichen. Die ältesten erhaltenen Märchenknospen – die hethitische Geschichte vom reichen

Appu und seinen Söhnen Schlecht und Gerecht sowie die ägyptische Geschichte des Brüderpaars Anup und Bata – stammen aus dem zweiten vorchristlichen Jahrtausend.[13] Die Volksmärchen, die die Gebrüder Grimm gesammelt und bearbeitet haben, zogen im ausgehenden europäischen Mittelalter ihre Kreise. Dazwischen liegen gut zweieinhalb Jahrtausende. In dieser Zeit ist die Märchenform aus den sozialen Oberschichten allmählich bis ins einfache Volk durchgesickert. Aus elaborierter Kunst wurde Volkskunst. Aber auch für die gilt noch: »Das Volk ist Märchenträger und Märchenpfleger, kaum Märchenschöpfer. [...] Wer die ursprünglichen Märchenbildner sind, entzieht sich unserer Kenntnis. Wie weit sie die Märchen dem Volke schon in einer ihm gemäßen und für die mündliche Übertragung geeigneten Form gereicht haben, wie weit das eigentliche Volksmärchen erst durch die volksmündliche Übertragung selber zurechtgeschliffen worden ist, ist schwer feststellbar.«[14] Im Folgenden geht es jedoch um eine erlesene Frühblüte des Märchens aus der Zeit des nachexilischen Judentums. Sie gehört noch ganz zur narrativen Hochkultur und öffnet sich dermaßen vornehm, daß nichts auf Gift in ihrem Inneren hindeutet.

13 Waltraud Woeller/Matthias Woeller, *Es war einmal ... Illustrierte Geschichte des Märchens*, Herder, Freiburg 1994, S. 43 f.
14 Max Lüthi, l. c., S. 92

Die Protagonisten

Über den Autor der Hioberzählung wissen wir fast nichts. Wann und wo hat er gelebt, wie sich gebildet, welche Tätigkeiten ausgeübt, was außer dem kleinen hier in Rede stehenden Prosatext sonst noch geschrieben? Dies alles ist unbekannt. War er überhaupt Jude? Es kommt kaum explizit Jüdisches in seiner Erzählung vor. Daß ihr Gott Jahwe heißt, besagt für sich genommen noch wenig. Das könnte auch eine nachträgliche Umbenennung gewesen sein, wie sie damals gang und gäbe war, wann immer fremde Erzählstoffe für den eigenen Kulturkreis vereinnahmt wurden. Doch die Erzählung hat zwei weitere Protagonisten, und deren Namen sind zu sorgsam gewählt, als daß sie später eingewechselt sein könnten. Da ist zunächst Hiob selbst. Sein Name ist eine hebräische Rarität. Außerhalb des nach ihm benannten Buches kommt er nur noch an *einer* Stelle im Alten Testament vor, und es deutet alles darauf hin, daß unser anonymer Autor von ihr aus seine Erzählung entworfen hat. Er dürfte ein erstrangiger Schriftgelehrter mit Scharfblick für Beiläufiges und Entlegenes gewesen sein. An besagter Stelle schleudert der Prophet Ezechiel seinen Landsleuten, mit denen er gemeinsam im babylonischen Exil saß, ein furchtbares »Wort Jahwes« entgegen: »Wenn ein Land an mir sündigt und mir die Treue bricht, so will ich meine Hand über dasselbe ausstrecken und [...] Menschen und Vieh darin ausrotten. Und wenn auch die drei Männer Noah, Daniel und Hiob darin wären, so würden sie allein ihr eigenes Leben retten durch ihre Gerechtigkeit« (Ez 14,13 f.). Mit andern Worten: Ezechiel schwebt noch Schlimmeres vor als das Exil. Bei der bevorstehenden Katastrophe wird es keine Sippenhaft mehr geben, aber auch keine Kollektivrettung. Selbst Noah könnte diesmal nicht mehr, wie damals bei der Sintflut, seine ganze Sippe und von allen Tierarten ein fortpflanzungsfähiges Paar retten. Er käme nur noch allein davon – wie Daniel aus der Löwengrube.

Noah und Daniel sind im jüdischen Gemeinwesen für ihre wundersame Errettung bekannt; also müssen sie, nach der Logik Ezechiels, »gerecht« gewesen sein. Wenn Hiob ihnen als gleichwertig zur Seite gestellt wird, dann müßte eigentlich auch über ihn eine Errettungsgeschichte umgelaufen sein. Doch Ezechiel erwähnt lediglich seinen Namen und seine sprichwörtliche Gerechtigkeit, und mehr hat sich im nachexilischen Judentum von Hiob nicht erhalten. Diese Erinnerungslücke hat unser Autor mit Bedacht genutzt. Noah und Daniel waren bereits durch Geschichten »belegt«. Hiob hingegen war ein unbeschriebenes oder zumindest völlig vergilbtes Blatt. Dieses Blatt konnte man beschreiben, die Leiden und die wunderbare Errettung Hiobs neu erfinden, ohne sich an geltende Standards der jüdischen Theologie halten zu müssen. Darin nahm unser Autor eine einmalige Gelegenheit wahr. Er war ein ebenso gebildeter wie raffinierter Erzähler, wußte seine Geschichte sowohl in eine ferne Frühzeit zu versetzen wie mit dem ganzen Problembewußtsein des nachexilischen Judentums zu durchdringen – und eröffnete sie mit jener lakonischen Knappheit, die für Märchenanfänge typisch ist.[15]

»1,1. Es lebte im Lande Uz ein Mann namens Hiob.
2. Und dieser Mann war rechtschaffen und aufrichtig und
gottesfürchtig und dem Bösen fern. 3. Und es wurden
ihm geboren sieben Söhne und drei Töchter. Und sein
Besitz bestand aus siebentausend Schafen und dreitausend Kamelen und fünfhundert Joch Rindern und fünfhundert Eselinnen und zahlreichem Gesinde. Und dieser
Mann war größer als alle Söhne des Ostens. 4. Und seine
Söhne gingen hin und machten ein Festmahl im Haus
eines jeden an seinem Tag. Und sie sandten hin und riefen ihre drei Schwestern, um mit ihnen zu essen und zu
trinken. 5. Und es geschah, wenn die Tage des Festmahls
reihum gegangen waren, da sandte Hiob hin und heiligte sie. Und er stand am Morgen auf und opferte Brandopfer nach ihrer Zahl. Denn Hiob sagte: Vielleicht haben meine Söhne gesündigt und Gott geflucht in ihrem Herzen. So tat Hiob alle Tage.«

Nichts ist überflüssig in dieser Exposition. Da ist das geheimnisvolle Land »Uz«. Anscheinend liegt es im »Osten« (1,3), aber wo genau? Mehrfach geistert das Wort »Uz« durchs Alte Testament. In Genesis 10,23 heißt so der Erstgeborene Arams, des Stammvaters der Aramäer. In Genesis 22,20 heißt der Erstgeborene Nahors, des Bruders Abrahams, Uz. In den Klageliedern Jeremias 4,21 ist Uz das Land der »Tochter Edom«, also

15 Im Folgenden halte ich mich – mit einigen Freiheiten – an die auf wörtliche Exaktheit bedachte Übersetzung von Wolf-Dieter Syring, *Hiob und sein Anwalt*, de Gruyter, Berlin 2004, S. 203 f.

der Wohnsitz der Edomiter, die einst südöstlich des Toten Meeres am Wüstenrand siedelten. Doch niemand weiß, wo Uz wirklich liegt. Deshalb kann der Erzähler diesen Namen so wunderbar als Chiffre für eine unbestimmte raumzeitliche Ferne verwenden. Als Personenname ist er mit der Ur- und Patriarchenzeit assoziiert; geographisch steht er für eine (süd)östliche Märchenoase, die an die Wüste grenzt und einem Scheich namens Hiob sagenhaften Reichtum beschert hat: »siebentausend Schafe, dreitausend Kamele, fünfhundert Joch Rinder und fünfhundert Eselinnen und zahlreiches Gesinde« (1,3). Zahlen haben hier großes Gewicht. Aber die Zahl der Vollkommenheit ist nicht mehr die Zwölf (zwölf Monate, zwölf Stämme Israels). Der Autor denkt bereits im Dezimalsystem. Auch die altehrwürdigen Zahlen drei und sieben setzt er nur noch als Bestandteile der Zehn ein: sieben Söhne und drei Töchter, siebentausend Schafe und dreitausend Kamele. Zweimal Fünfhundert (Rinder und Eselinnen) und ein ungezähltes Gesinde kommen noch oben drauf. Zehn, zehntausend und tausend sind die Zahlen, die Hiobs Habe markieren.

Hiobs Reichtum hat in seinem Verhalten eine Entsprechung. Er ist »rechtschaffen und aufrichtig und gottesfürchtig und dem Bösen fern« (1,1). Woran sich das zeigt? Einzig an seiner Opferpraxis nach den Festmählern, die seine Söhne reihum in ihren »Häusern« für alle Geschwister veranstalten. Immer wenn der Festreigen um ist (er ist an kein sakrales Fest geknüpft), »heiligt« Hiob seine Kinder, indem er Brandopfer für ein jedes darbringt, denn »vielleicht haben meine

Söhne gesündigt und Gott geflucht in ihren Herzen.« (1,5) Schuld durch Brandopfer zu sühnen ist uralter Brauch. Der Straftatbestand des inneren Fluchs, der nur »im Herzen« stattfindet, ist hingegen ein Fremdkörper in der Welt archaischer Wüstenstämme. Dort nämlich ist die mentale Innenwelt des Einzelnen noch gar kein Thema. Dazu ist sie erst unter antiken Hochkulturverhältnissen mit einem beträchtlichen Grad von Individualisierung geworden: in urbanen Zentren. Der Wüstenscheich Hiob verhält sich daher wie ein kultivierter Städter, wenn er auf das verborgene Innenleben von Individuen reflektiert. Der Erzähler, der seinerseits eine urbane Figur und nicht etwa ein Wüstenbewohner ist, läßt seinen Protagonisten auf eine geradezu moderne Weise über das menschliche Herz als Dunkelkammer nachdenken. Was darin vorgeht, ist nicht nur für Außenstehende schwer zugänglich. Auch über das eigene Herz verfügt man nicht nach Belieben. Und welcher junge Mensch wäre denn bei einem Festmahl dagegen gefeit, daß der eine oder andere seiner Wünsche und Gedanken absichtlich oder unabsichtlich gegen Gott frevelt? Deshalb beugt Hiob vor. Lieber auf Verdacht in Vorleistung gehen und opfern, wo keine Schuld besteht, als die kleinste Schuld ungesühnt lassen. Das ist die Logik des Präventivopfers. Es ist das Wahrzeichen von Hiobs Gerechtigkeit. Allerdings bringt er nur für seine Kinder Präventivopfer dar, nicht für sich. Seine Rechtschaffenheit und Gottesfurcht sind über allen Zweifel erhaben.

So weit die Exposition. Sie ist unüberbietbar knapp und gibt nur so viel vor, daß die Handlung beginnen und der dritte Protagonist ins Spiel kommen kann: der Satan (wörtlich »Widersacher«). Dies Wort stand im Alten Testament zunächst für den Kriegsgegner. David hat sich mit seiner Truppe ins Heer der Philister eingereiht. Doch die befürchten, daß er während des Kampfs die Seite wechselt – ihnen zum »Satan« wird (1Sam 29,4). Als Salomo später »keinen Satan« mehr hat, entschließt er sich zum Bau des Tempels (1Kön 5,18). Vom Krieg ist es nicht weit zum Gericht. Dort steht der Satan gelegentlich »zur Rechten« des Gottlosen und klagt ihn an (Ps 109,6). Einmal wird sogar der »Engel Jahwes« als Satan bezeichnet: als er sich dem Propheten Bileam in einem Hohlweg mit gezücktem Schwert entgegenstellt (Nu 22,22). An keiner dieser Stellen ist der Satan der Widersacher Jahwes oder die Personifikation des Bösen. Er kann als Engel sogar Repräsentant Jahwes und Widersacher des Bösen sein.

Und dann kommt die Hioberzählung. »6. Und es geschah eines Tages, da kamen die Söhne Gottes, um hinzutreten vor Jahwe, 7. und auch der Satan kam in ihrer Mitte. Und Jahwe sprach zum Satan: Wo kommst du her? Und der Satan antwortete Jahwe und sprach: Vom Umherstreifen auf der Erde und vom Umherziehen auf ihr. 8. Und Jahwe sprach zum Satan: Hast du geachtet [wörtlich: dein Herz gerichtet] auf meinen Knecht Hiob? Denn es gibt keinen wie ihn auf Erden, einen Mann, rechtschaffen und aufrichtig, gottesfürchtig und dem Bösen fern. 9. Und der Satan antwortete Jahwe und sprach: Ist Hiob umsonst gottesfürchtig? 10. Hast du nicht ihn und sein Haus und alles, was ihm gehört, ringsum umzäunt? Das Tun seiner Hände hast du gesegnet, und seine Habe hat sich ausgebreitet im Lande. 11. Doch strecke deine Hand aus und rühre alles an, was ihm gehört. Wahrlich, er wird dir ins Angesicht fluchen. 12. Und Jahwe sprach zum Satan: Siehe, alles was ihm gehört, ist in deiner Hand. Nur gegen ihn selbst strecke deine Hand nicht aus. Und der Satan ging fort vom Angesicht Jahwes.«

Die Handlung beginnt mit jähem Szenenwechsel: Vorspann auf der Erde im Lande Uz – und dann ein Schwenk in die überirdische Sphäre, wo die Majestät des einzigen Gottes residiert – unzugänglich für jegliche Wahrnehmung von Sterblichen. Doch die Märchenform verschafft sich Zutritt zu dieser verbotenen Sphäre. Sie blendet sich eine Versammlung Jahwes mit seinen »Söhnen« ein. Die Götterversammlung ist ein altes Sujet aus der Phase des entfalteten Polytheismus. So schon im *Gilgamesch-Epos*. »Anu, Enlil, Ea und der himmlische Schamasch / *Hielten Rat*«: nämlich darüber, ob Gilgamesch sterben soll oder sein Gefährte Enkidu. Anu, der oberste Gott, entscheidet sich schließlich für den Tod Enkidus.[16] Dieses Motiv hallt in der Hioberzählung nach. Wer entrinnt und wer umkommt, ist auch hier noch Resultat göttlicher Beratschlagung. Allerdings hat die Götterversammlung zu monotheistischen Konditionen jegliche Berechtigung verloren. Jahwe duldet keine andern Götter neben sich. Er braucht keinen Rat. Er hat auch

16 *Das Gilgamesch-Epos*, übersetzt und mit Anmerkungen versehen von Albert Schott, Reclam, Stuttgart 1988, S. 62 f.

keine »Söhne«. Alle Lebewesen sind seine Geschöpfe, aber keines ist von ihm gezeugt. Dennoch behauptet die Genesis: »Da sahen die Söhne Gottes nach den Töchtern der Menschen, wie sie schön waren«, und da »sie ihnen Kinder gebaren, wurden daraus die berühmten Helden der Vorzeit«. (Gen 6,2+4)

Das ist eine unheilige Stelle im heiligen Text, aber ein guter Vorwand dafür, Jahwe mit »Söhnen Gottes« zusammenzubringen, ohne sich theologisch zu kompromittieren. Dem Erzähler ist die anstößige Genesisstelle ebenso vertraut wie die oben erwähnte Ezechielstelle. Er kennt das Motiv der Götterversammlung; er hat Kunde von der Hofhaltung orientalischer Großkönige. Und in einem einzigen Satz macht er aus alledem ein neues Szenario. Aus der Götterversammlung wird die Hofhaltung des einzigen Gottes, dessen »Söhne« verblassen zu einer bloßen Kulisse, und nur die Figur »in ihrer Mitte« tritt hervor: der Satan. *Ist* er einer der Söhne Gottes oder ist er lediglich von ihnen *umgeben*? Das läßt die wunderbar abgründige Formulierung »in ihrer Mitte« offen. Der Rang des Satans bleibt mit Bedacht unklar.

Wer vor einen orientalischen Herrscher tritt, hat zu warten, bis er angeredet wird – und dann Rechenschaft zu geben. So auch hier. Jahwe eröffnet den Wortwechsel. Er kennt den Satan; sonst müßte er ihn zunächst fragen, wer er sei. Er fragt aber »Wo kommst du her?« Die Antwort läßt, milde gesagt, zu wünschen übrig. »Vom Umherstreifen auf der Erde und vom Umherziehen auf ihr.« (1,7) Einer, der beim Rapport seinem Herrscher keinerlei Taten zu vermelden hat, die diesem zu Ruhm und Ehre gereichen, sondern freimütig sagt, daß er nichts tat als umherzustreunen, stellt nach altorientalischen Kriterien eine wandelnde Majestätsbeleidigung dar. Ein Zornesausbruch Jahwes wäre darauf das mindeste. Doch statt eines Donnerwetters kommt ein schmeichelndes Lüftchen: »Hast du geachtet auf meinen Knecht Hiob?« Eine Lobeshymne folgt. »Denn es gibt keinen wie ihn auf Erden«, so »rechtschaffen und aufrichtig, gottesfürchtig und dem Bösen fern.« (1,8) Statt vom Satan ultimativ einen rühmlichen Rechenschaftsbericht zu fordern, hebt Jahwe an, sich selbst zu rühmen. Er prahlt mit seinem besten Geschöpf und stellt es dem Satan Zustimmung heischend als rundum bewunderungswürdig dar. Ehe man sichs versieht, ist er aus der Rolle der göttlichen Majestät gefallen. Man hat aber gar keine Zeit, sich darüber zu wundern. Märchentheoretisch gesprochen: Der Skandal wird wie etwas ganz Selbstverständliches erzählt, und sogleich kommt die nächste Pointe: Der Satan versagt Jahwe die Bewunderung für sein Prachtstück. »Ist Hiob umsonst gottesfürchtig?« fragt er. Das Wörtchen »umsonst« (*hinnam*) kann, je nach Kontext, »unentgeltlich, vergebens, grundlos« heißen. Seine Grundbedeutung aber ist »ohne Äquivalent«[17].

Damit ist der Äquivalenzdiskurs eröffnet, und der Satan legt sogleich nach. »Hast du nicht ihn und sein

17 Cf. Jürgen Ebach, *»Ist es umsonst, daß Hiob gottesfürchtig ist?«*, in: derselbe, *Hiobs Post. Gesammelte Aufsätze zum Hiobbuch, zu Themen biblischer Theologie und zur Methodik der Exegese*, Neukirchener Verlag, Neukirchen-Vluyn 1995, S. 19

Haus und alles, was ihm gehört, rings umzäunt? Das Tun seiner Hände hast du gesegnet, und seine Habe hat sich ausgebreitet im Lande.« (1,10) Deswegen ist er gottesfürchtig. Im Nu hat der Satan Jahwes Argumentation auf den Kopf gestellt. Nicht weil Hiob rechtschaffen und gottesfürchtig ist, geht es ihm gut, sondern weil es ihm gut geht, ist er rechtschaffen und gottesfürchtig. Nicht Jahwe belohnt seine Gerechtigkeit mit Wohlergehen, sondern er belohnt Jahwes Zuwendung mit Wohlverhalten. Und diese Umkehrung, die der Satan mit seiner kleinen Frage nach dem Umsonst eingeleitet hat, will er nun getestet wissen. »Doch strecke deine Hand aus und rühre alles an, was ihm gehört. Wahrlich, er wird dir ins Angesicht fluchen.« (1,11) Und das Ungeheuerliche ist: Jahwe läßt sich auf diesen Test ein. »Siehe, alles, was ihm gehört, ist in deiner Hand. Nur gegen ihn selbst strecke deine Hand nicht aus.« (1,12) Wessen »Hand« ist es denn nun, die Hiobs Habe anrühren wird? Die beiden Protagonisten schieben sich wechselseitig die Verantwortung zu. Strecke deine Hand aus, sagt der Satan. Alles, was ihm gehört, ist in deiner Hand, antwortet Jahwe. Er überläßt das Tun dem Satan, aber der agiert nur als ausführendes Organ. Jeder nennt den andern als Täter, aber nur ihr Zusammenwirken generiert die Tat: einen Frömmigkeitstest von beispielloser Skrupellosigkeit.[18]

18 Es handelt sich nicht, wie vielfach behauptet, um eine Wette. Es fehlt der Wettpreis.

Die Katastrophen

Szenenwechsel. »13. Und es geschah eines Tages, als seine Söhne und Töchter aßen und Wein tranken im Haus ihres erstgeborenen Bruders, 14. da kam ein Bote zu Hiob und sprach: Die Rinder waren beim Pflügen und die Eselinnen beim Weiden an ihrer Seite, 15. da fielen Sabäer ein und nahmen sie und die Knechte erschlugen sie mit der Schärfe des Schwertes. Und ich bin entkommen, ich allein, um es dir zu melden. 16. Als dieser noch redete, kam ein anderer und sprach: Feuer Gottes war vom Himmel gefallen und brannte bei den Schafen und bei den Knechten und fraß sie. Und ich bin entkommen, ich allein, um es dir zu melden. 17. Als dieser noch redete, kam ein anderer und sprach: Chaldäer hatten drei Abteilungen aufgestellt, und sie überfielen die Kamele und nahmen sie, und die Knechte erschlugen sie mit der Schärfe des Schwertes. Und ich bin entkommen, ich allein, um es dir zu melden. 18. Als dieser noch redete, kam ein anderer und sprach: Deine Söhne und Töchter aßen und tranken Wein im Haus ihres erstgeborenen Bruders, 19. und siehe, ein starker Wind kam von jenseits der Wüste und schlug gegen die vier Ecken des Hauses, und es fiel auf die jungen Leute, und sie starben. Und ich bin entkommen, ich allein, um es dir zu melden. 20. Und Hiob stand auf und zerriß sein Gewand und schor sich sein Haupt und fiel auf die Erde und warf sich nieder 21. und sprach: Nackt kam ich aus meiner Mutter Leib, und nackt kehre ich dorthin zurück. Jahwe gab, und Jahwe nahm, der Name Jahwes sei gepriesen.

22. In all dem sündigte Hiob nicht und gab Gott keinen Anstoß.«

Eine ganze Schreckensserie läuft hier ab. Die Hörer/Leser der Erzählung wissen, was zu ihr führte. Die Betroffenen haben keine Ahnung davon. Die Katastrophen brechen jäh über sie herein, verlaufen alle nach dem gleichen Muster und werden knapp benannt, ohne daß die Erzählung bei irgend etwas verweilt oder etwas ausmalt. Das ist typische Märchenart, mit Grausamkeiten und Schicksalsschlägen umzugehen. Jedes Mal entrinnt nur einer der »Knechte« und bringt Hiob die furchtbare Nachricht: die sprichwörtliche Hiobsbotschaft. Genauso unvermittelt und zahlenbetont, wie Hiobs Habe zu Beginn auftauchte, verschwindet sie wieder. Allerdings nicht in der gleichen Reihenfolge und Konstellation. Hiobs zehn Kinder wurden zuerst genannt und sterben zuletzt. Die fünfhundert Joch Rinder und die fünfhundert Eselinnen gehen mit einem Schlag verloren, die siebentausend Schafe und dreitausend Kamele mit zweien. Drei große Dezimalposten (zehn, tausend, zehntausend) nennt Hiob sein eigen, aber vier Katastrophen werden bemüht, um sie ihm zu nehmen. Der Erzähler ist ebenso formbewußt wie zu lockerem Umgang mit seinen Formen fähig. Er erzählt maximal knapp, aber nicht starr.

Erst nach der vierten Botschaft, der vom Tod der Kinder, heißt es: »Hiob stand auf und zerriß sein Gewand und schor sein Haupt« (1,20). Das mag heutigen Lesern als Gefühlsausbruch erscheinen. Faktisch ist es zunächst einmal nicht mehr als die vorschriftsmäßige Trauerkonvention. Durch symbolische Selbstverletzung signalisiert sie Anteilnahme am Tod von Angehörigen, gibt aber keinerlei Auskunft über den Grad des Trauerschmerzes. Die emotionale Innenwelt bleibt – ganz märchengemäß – ausgespart. Über den förmlichen Trauerritus geht Hiob erst hinaus, als er sich niederwirft und spricht: »Nackt kam ich aus meiner Mutter Leib, und nackt kehre ich dorthin zurück. Jahwe gab und Jahwe nahm. Der Name Jahwes sei gepriesen.« (1,21) Auch das sind allerdings Worte von größter Nüchternheit. Nachdem Hiob seiner gesamten Habe verlustig ging (auch seine Kinder gehören zur Habe), findet er sich wieder so nackt, wie er bei der Geburt war und bei der Grablegung sein wird. Seine Habe war eigentlich nicht mehr als ein soziales Kleid: ein Segen, der seine Nacktheit bedeckte, aber in ihr kein Äquivalent hatte. Segen wird »umsonst« zuteil – ohne Beweggründe, Ursachen, Zahlungsverpflichtungen. Deshalb kann er auch umsonst wieder verschwinden. Jahwe hat, als er Hiob alle Habe nahm, sogar in doppeltem Sinne umsonst gehandelt: grundlos, aber auch vergebens. Die vom Satan vorausgesagte Wirkung blieb nämlich aus. Hiob flucht Jahwe nicht »ins Angesicht«; er preist ihn.

Doch der Satan gibt sich nicht zufrieden. Der Test geht in die zweite Runde. »2.1. Und es geschah eines Tages, da kamen die Söhne Gottes, um hinzutreten vor Jahwe, und auch der Satan kam in ihrer Mitte. 2. Und Jahwe sprach zum Satan: Wo kommst du her? Und der Satan antwortete Jahwe und sprach: Vom Umherstreifen auf der Erde und vom Umherziehen auf ihr. 3. Und Jahwe sprach zum Satan: Hast du geachtet auf meinen

Knecht Hiob? Denn es gibt keinen wie ihn auf Erden, einen Mann, rechtschaffen und aufrichtig, gottesfürchtig und dem Bösen fern. Noch hält er fest an seiner Rechtschaffenheit. Du aber hast mich gegen ihn verleitet, ihn zu verderben – umsonst. 4. Und der Satan antwortete Jahwe und sprach: Haut um Haut. Und alles, was einem Mann gehört, gibt er für sein Leben. 5. Doch strecke deine Hand aus und rühre sein Gebein und Fleisch an. Wahrlich, er wird dir ins Angesicht fluchen. 6. Und Jahwe sprach zum Satan: Siehe, er ist in deiner Hand. Nur sein Leben schone. Und der Satan ging fort vom Angesicht Jahwes.«

Wieder wird in knappen Worten Ungeheuerliches erzählt, als verstünde es sich von selbst. Wieder weist Jahwe den Satan auf Hiobs Untadeligkeit hin, fügt aber diesmal hinzu: »Noch hält er fest an seiner Rechtschaffenheit. Du aber hast mich gegen ihn verleitet, ihn zu verderben – umsonst.« (2,3) Wie bitte? Der Satan hat Jahwe verleitet? Von wem ging denn die Erstprovokation aus? Es war doch Jahwe, der sich mit Hiob brüstete und den Satan zu einem Testvorschlag verleitete, auf den Jahwe dann allerdings »umsonst« einging: ohne plausiblen Grund. Wenn Jahwe sich als verleitbar bezeichnet, räumt er ein, daß er aus der göttlichen Rolle gefallen ist und nicht tadellos gehandelt hat. Die Schuld dafür aber schiebt er dem Satan zu. »Du hast mich verleitet«. Damit nicht genug. Er läßt sich auf einen zweiten Test ein. Auch das ist ein typisches Märchenmotiv. Der Protagonist läßt sich erneut verleiten, obwohl er es doch nun besser wissen müßte und die Zumutung noch krasser ist. Der Satan sagt nämlich: »Haut um Haut.« (2,4f.)

Das war offenkundig eine alte geläufige Formel. Sie charakterisiert nicht bloß den Tauschakt auf dem profanen Markt (dort pflegte man nicht gerade Häute gegeneinander zu tauschen), sondern erinnert vor allem daran, daß es beim Tausch ursprünglich um die Rettung der eigenen Haut ging – indem man den überirdischen Gläubigern, als die die Naturgewalten wahrgenommen wurden, Ersatzhäute (von andern Menschen oder Tieren) als Opfer darbot. An diese archaische Verschonungspraktik knüpft der Satan an. Hatte er schon das Wohlergehen Hiobs gleichsam gegen den Strich interpretiert (weil es ihm gut geht, ist er gottesfürchtig, nicht umgekehrt), so gibt er nun auch den vier über Hiob hereingebrochenen Katastrophen eine pervertierende Deutung. Er läßt sie als Opferdarbringung erscheinen. Als hätte Hiob sie nicht jäh erlitten, sondern seine ganze Habe mit der Absicht fahren gelassen, im Gegenzug dafür sein Leben zu retten; als hätte er in Gestalt seiner gesamten Habe gewissermaßen seine soziale Haut dahingegeben, um sich dafür seine individuelle Haut zu erhalten – ganz kalkuliert, nicht »umsonst«. Einer, der sein Leben auf diese Weise unbeschadet davontrug, hat, so des Satans Ansicht, seine Frömmigkeit noch nicht ernsthaft bewährt. Sein »Gebein und Fleisch« muß angerührt werden. Das erst wäre der Härtetest.

Man mag es kaum glauben – Jahwe gibt dem Satan freie Hand dafür. »7. Und er schlug Hiob mit bösem Geschwür von der Fußsohle bis zum Scheitel. 8. Und

Hiob nahm eine Tonscherbe, um sich mit ihr zu kratzen, während er mitten in der Asche saß. 9. Und seine Frau sprach zu ihm: Noch hältst du fest an deiner Rechtschaffenheit. Fluche Gott und stirb. 10. Und er sprach zu ihr: Wie eine der Törinnen redet, redest du. Das Gute nehmen wir an von Gott, und das Böse nehmen wir nicht an? In all dem sündigte Hiob nicht mit seinen Lippen.« Diesmal ist der Satan ausdrücklich der Handelnde. Doch die Täterschaft wird dadurch nicht eindeutig. Der Satan führt aus, wozu ihm Jahwe Freiraum gegeben hat. Hiob aber reagiert nicht mehr rituell, wie in der ersten Testrunde, wo er seine Kleider zerriß und sein Haupt schor, sondern nur noch in physischer Notwehr. Er kratzt sich, in der Asche sitzend, mit einer Tonscherbe.[19] Dann taucht auch noch unversehens seine Frau auf, von der bisher nicht die Rede war, und richtet genau die Worte direkt an Hiob, die Jahwe zuvor *über* Hiob an den Satan gerichtet hatte: »Noch hältst du fest an deiner Rechtschaffenheit.« (2,9) Aber was für ein Wandel im Tonfall! Bei Jahwe war der Tenor: ›Siehe, er hält fest, er hat den Test bestanden.‹ Bei Hiobs Frau ist der Tenor: ›Was? Du hältst immer noch fest?‹ Und

19 Der Asche kommen hier mehrere Bedeutungen zu. Sie kann das »Puderkleid« sein, das einzige, das eine mit Aussatz übersäte Haut überhaupt noch als Schutz gegen Sonneneinstrahlung und Nachtkälte erträgt. Sie kann die *mazbala* sein, der Aschehügel auf dem Abfallberg außerhalb der Stadt, wo die Aussätzigen sich allein noch aufhalten dürfen. Und sie ist der Stoff, der für Nichtigkeit steht, weshalb man im Trauer- und Bußefall Asche auf sein Haupt streut (cf. Victor Maag, *Hiob. Wandlung und Verarbeitung des Problems in Novelle, Dialogdichtung und Spätfassungen*, Vandenhoeck & Ruprecht, Göttingen 1982, S. 39).

sie fährt fort: »Fluche Gott und stirb.« (2,9) Wieder diese gnadenlose Knappheit. Sie macht Hiobs Frau zu einer vollkommenen Rätselfigur. Ist sie eine Gehilfin des Satans, in deren Mund Jahwes Worte zum Hohn werden, die ihren Mann auffordert, das zu tun, was der Satan vorausgesagt hatte und ihm mit dem Wörtchen »stirb« gleichsam den letzten Tritt gibt? Oder ist sie die Letzte, die bis ans Ende, bis in die Asche bei ihrem aussätzig gewordenen Mann ausharrt und wünscht, daß er, der unheilbar Erkrankte, wenigstens in Würde stirbt und nicht als ein Knecht, der sich in falsch verstandener Rechtschaffenheit alles gefallen ließ? Für beide Deutungen spricht gleich viel.

So oder so aber läßt Hiob sich von seiner Frau nicht umstimmen. Keinen Deut weicht er von seiner Haltung ab. Wie mit der Habe, so mit Gesundheit und Leben. Jahwe gibt und nimmt beides »umsonst«. Es ist zwar »böse«, todkrank zu werden, aber nicht der geringste Grund, von Rechtschaffenheit und Gottesfurcht abzulassen. Nur einen Lobpreis Jahwes bringt Hiob in der Asche nicht mehr hervor. Ansonsten bleibt er der, der er war. Er sündigt nicht – jedenfalls nicht »mit seinen Lippen« (2,10). Warum wird das hinzugefügt? Gewiß nicht ganz absichtslos. Die Lippen sind das Gegenstück zum Herzen. Hiob brachte einst Präventivopfer für seine Kinder dar, damit, falls eines von ihnen »in seinem Herzen« Gott geflucht haben sollte, die Schuld vorab getilgt sei. Nun versündigt er sich nicht »mit seinen Lippen«. Das heißt: Kein Fluch kam über sie. Aber wie es »im Herzen« Hiobs aussah, wird offen gelassen. Hiob hat den Härtetest bestanden, und doch: Ein winziger Vorbehalt bleibt, auch wenn schwer zu sagen ist, ob er vom Erzähler selbst stammt oder eine spätere Zutat ist, die den Übergang erleichtern sollte. Denn wir befinden uns in 2,10 an jener Nahtstelle, wo im Text des Hiobbuches, so wie er sich erhalten hat, rund vierzig Kapitel einer sprachgewaltig ausufernden Dichtung folgen, ehe die knappe Erzählprosa des Anfangs wieder aufgenommen und in wenigen Versen zu einem *Happy end* sondergleichen geführt wird.

Das missing link

Mehr und mehr entpuppt sich die Hioberzählung als großes Märchen; auch darin, daß sie nach der zweiten Testrunde den Eindruck erweckt, nicht mehr steigerbar zu sein. Hiob alle Habe wegzunehmen, war schlimm. Ihn mit Aussatz zu schlagen, war schlimmer. Nur eines wäre noch schlimmer: ihm das Leben zu nehmen. Aber das kommt nicht in Frage. Ein Toter läßt sich auf Gottesfürchtigkeit nicht mehr testen. Der Satan scheint mit seinem Testlatein also am Ende zu sein. Doch ein großes Märchen ist nach der zweiten Runde nie zu Ende. Sollte der form- und zahlenbewußte Erzähler das nicht bemerkt haben? Sollte er das abgründige Dreiecksverhältnis zwischen Hiob, Jahwe und dem Satan entworfen haben, um nach der zweiten Runde abzubrechen – zugunsten einer ganz anderen Geschichte, in der der Satan überhaupt nicht auftaucht; in der stattdessen drei »Freunde«, die wiederum in dem Märchen nicht vorkommen, mit Hiob ausladende Dispute über Leiden, Unschuld und Gott[20] veranstalten? Absurd. Selbstverständlich hat das Märchen eine dritte Runde gehabt.[21] In seiner integralen Gestalt bestand es aus der Exposition, die Hiobs Rechtschaffenheit und Wohlergehen umreißt, und einem Wechselspiel zwischen drei überirdischen und drei irdischen Szenen. Im »Himmel« erfolgt jeweils eine Versuchsanordnung. Auf Erden zeigt sich ihr Ergebnis. Macht zusammen sieben Szenen. Die Siebenzahl ist alles andere als zufällig. Sie simuliert einen Wochenablauf. Die letzte Szene, die Hiobs glanzvolle Wiederherstellung bringt, entspricht dem Sabbat. Sie gibt das finale Testergebnis kund. Doch wie lautete der Testvorschlag? Ausgerechnet die dritte Himmelsszene,

20 Der übrigens in der wörtlichen Rede dieser Dispute nirgends mehr Jahwe heißt, nur noch Elohim (Gott) oder Schaddai (der Allmächtige).

21 Daß »Satan zwar zur Exposition der Hiob-Geschichte notwendig ist, aber dann spurlos verschwinden kann«, weil er »für Hiob kein Gegenüber« ist, sagt ausgerechnet ein Literaturwissenschaftler (Gerhard Kaiser in: Gerhard Kaiser/Peter Mathys, *Das Buch Hiob. Dichtung als Theologie*, Verlag der Weltreligionen, Berlin 2010, S. 46f.), als ob er nie etwas von der narrativen Bedeutung der Dreizahl gehört hätte. Und, mit Verlaub, wo hat in der Dreieckskonstellation des Tests Hiob überhaupt ein Gegenüber? Es sind Jahwe und der Satan, die sich gegenüber stehen und ihr Verhältnis auf Hiobs Rücken austragen. Sie reden nicht einmal mit ihm, nur über ihn. Er ist lediglich ihr Versuchskaninchen und hat keine Ahnung, warum und woher die Schläge kommen, die ihn so furchtbar treffen. Absurd die Behauptung, daß es hier einzig um das Verhältnis zwischen Jahwe und Hiob gehe und der Satan »nicht mehr als eine Attrappe« sei (Herbert Haag, *Abschied vom Teufel*, Benziger, Einsiedeln 1969, S. 37).

die ihn enthielt, fehlt. Ist sie durch ein Mißgeschick, eine Achtlosigkeit, eine Naturkatastrophe verloren gegangen? Wenig wahrscheinlich.

Längst ist der Verdacht geäußert worden, daß sie mit Bedacht entfernt wurde. Wenn der Vorsatz bestand, die kleine Erzählung mit der großen Dichtung zu einem einzigen Text zu vereinen, so die These von Victor Maag, dann mußte die Dichtung geschickt in die Erzählung eingesetzt werden. Letztere mußte als Rahmen fungieren, denn sie hatte, was der Dichtung fehlte: einen klaren Anfang und Schluß. Allerdings war sie dicht gewoben – ohne jede Lücke, in die man die Dichtung einfach hätte hineinstopfen können. Also mußte »der Redaktor« laut Maag »mit der Schere arbeiten«. Aber was sollte er herausschneiden? Etwa Hiobs tiefen Fall oder seine Wiederherstellung? Unmöglich. Einzig an Hiobs Tiefpunkt in der Asche ließ sich die Dichtung sinnvoll einfügen, also nach der zweiten Testrunde. Wie aber dann weiter? Sollte nun die Langstrecke von vierzig Kapiteln Dichtung folgen, wo der Satan nirgends mehr auftaucht, und dann ein Schwenk zurück zu ihm in der dritten Himmelsszene? Das wäre genauso ungereimt gewesen wie das Umgekehrte: die Dichtung erst *nach* der dritten Himmelsszene einzusetzen. Denn was immer sich in ihr zwischen Jahwe und Satan abgespielt haben mochte: die Wende von Hiobs Geschick war die direkte Folge davon. Sie durfte nicht durch Einschaltung einer langatmigen Dichtung hinausgezögert werden. Und so blieb laut Maag dem Redaktor gar nichts anderes übrig, als die Dichtung an die Stelle der dritten Himmelsszene zu setzen. Deren »Abstoßung hat sich somit nicht nur nahegelegt, sondern als notwendig erwiesen«.[22]

Notwendig? Nur unter drei Voraussetzungen: daß es eine eigenständige Erzählung gab, eine eigenständige Dichtung und einen Redaktor, der den Auftrag oder den Wunsch hatte, beide zu vereinigen. Aber wozu sollte diese Zusammenfügung gut sein? Wer sollte ein Interesse daran gehabt haben, in eine kleine wohlgeformte eigenständige Erzählung eine zwanzigmal größere Dichtung einzupflanzen und ein Formungetüm mit Ungereimtheiten an allen Ecken und Enden daraus zu machen? Maags »Redaktor« hat kein plausibles Motiv dafür, weil Maag kein Vorstellungsvermögen für den konkreten Verlauf der dritten Himmelsszene hat. Er kann sich nur eine Szene denken, »in der Jahwä triumphiert, der Satan beschämt schweigen muß«[23]. Also ungefähr so: Wieder ist der Satan vom Herumstreunen auf der Erde zurückgekehrt. Ein drittes Mal weist Jahwe ihn auf die Rechtschaffenheit und Gottesfürchtigkeit Hiobs hin. Diesmal aber fügt er hinzu: ›Nichts kann meinen Knecht Hiob von Gott abbringen. Vergeblich hast du ihn geprüft. Gestehe, daß es seinesgleichen nicht gibt auf Erden.‹ Und der Satan schleicht wortlos davon oder gibt schmallippig das gewünschte Bekenntnis ab.

Sollte eine Erzählung, die so raffiniert und abgründig begann, am Kulminationspunkt derart platt geworden

22 Victor Maag, *Hiob. Wandlung und Verarbeitung des Problems in Novelle, Dialogdichtung und Spätfassungen*, Vandenhoeck & Ruprecht, Göttingen 1982, S. 41
23 Victor Maag, l. c., S. 39

sein, daß man auch ganz gut ohne ihn auskommen kann? Nein, so plump kann die dritte Himmelsszene nicht verlaufen sein. Man braucht übrigens gar nicht viel Phantasie, um sie zu rekonstruieren. Man muß nur die Märchenform ernst nehmen. Selbstverständlich verlangt sie nach einer dritten Runde – mit einer weiteren Steigerung. Ist die wirklich unmöglich? Bei etwas Gespür für jüdischen Witz stellt sich das anders dar. Man denke nur an die kleine Anekdote von den drei Schneidern, die zufällig ihre Läden zur selben Zeit in der Hauptstraße einer großen Stadt eröffnen. Jeder will die Kundschaft für sich gewinnen. Der erste bringt ein Schild an mit den Worten »Der beste Schneider der Stadt«. Darauf montiert der zweite ein Schild »Der beste Schneider der Welt«. Das ist nicht mehr zu überbieten. Was also tut der dritte? Er hängt in sein kleines Schaufenster ein Schild mit der Aufschrift »Der beste Schneider in dieser Straße«.[24] Das sitzt. Das Nächstliegende, Unscheinbare, Unbeachtete entzaubert das Große, scheinbar Unübertreffliche – wie einst David den Goliath.

Auch beim Hiobmärchen gibt es etwas, was so nahe liegt, daß man schwer darauf kommt, obwohl es ganz einfach ist. Sobald es aber in den Blick fällt, erschließt es augenblicklich die dritte Himmelsszene. Innerhalb eines kleinen Spielraums individueller Wortwahl müßte sie etwa so gelautet haben: »Und es geschah eines Tages,

24 Ich gebe die Anekdote so wieder, wie sie mir mitgeteilt wurde. Eine ausführlichere Version findet sich in: Joseph Klatzmann, *Jüdischer Witz und Humor*, C.H. Beck, München 2011, S. 48 f.

da kamen die Söhne Gottes, um hinzutreten vor Jahwe, und auch der Satan kam in ihrer Mitte. Und Jahwe sprach zum Satan: Wo kommst du her? Und der Satan antwortete Jahwe und sprach: Vom Umherstreifen auf der Erde und vom Umherziehen auf ihr. Und Jahwe sprach zum Satan: Hast du geachtet auf meinen Knecht Hiob? Denn es gibt keinen wie ihn auf Erden, einen Mann, rechtschaffen und aufrichtig, gottesfürchtig und dem Bösen fern. Noch hält er fest an seiner Rechtschaffenheit. Du aber hast mich gegen ihn verleitet, ihn zu verderben – umsonst. Und der Satan antwortete Jahwe und sprach: Solange ein Mann Gott nicht kennt, kann er wohl gottesfürchtig sein. Aber strecke deine Hand aus und rühre seine Augen an, daß ihm offenbar werde, was wir über ihn geredet haben. Wahrlich, er wird dir ins Angesicht fluchen. Da entbrannte der Zorn Jahwes gegen den Satan, und er verstieß ihn von seinem Angesicht [in die Tiefe? unter die Erde?].«

Nahtlos fügt sich hieran das Ende des Hiobbuches, wo die bestechend knappe Prosa des Anfangs wiederkehrt und Hiobs märchenhafte Wiederherstellung erzählt wird. »**42**,10. Und Jahwe wendete das Geschick Hiobs [...][25] 12. Und Jahwe segnete das Ende Hiobs mehr

25 Das hier Ausgelassene gehört nicht ins Märchen; weder Hiobs Fürbitte für seine Freunde (10 b) noch der Auftritt seiner Brüder, Schwestern und Bekannten (11), die im Märchen zuvor ebensowenig vorkamen wie die Freunde. Auch 10 c (»Und Jahwe vermehrte alles, was Hiob gehört hatte, aufs Doppelte«) ist ein Fremdkörper: vom Märchen aus gesehen eine überflüssige Doublette zu Vers 12 und 13 und zudem sachlich schief (Hiobs Kinderzahl erhöht sich keineswegs aufs

als den Anfang. Und er bekam vierzehntausend Schafe und sechstausend Kamele und tausend Joch Rinder und tausend Eselinnen. 13. Und er bekam sieben Söhne und drei Töchter. 14. Und er nannte die erste Jemina [Täubchen] und die zweite Kezia [Wohlgeruch] und die dritte Keren-Happuch [Schminkbüchslein]. 15. Und man fand keine so schönen Frauen wie die Töchter Hiobs im ganzen Land. Und ihr Vater gab ihnen ihr Erbteil unter ihren Brüdern. 16. Und Hiob lebte danach hundertvierzig Jahre und sah Kinder und Kindeskinder bis zur vierten Generation. 17. Und Hiob starb alt und lebenssatt.«

Natürlich läßt sich nicht beweisen, daß buchstäblich jedes Wort in der dritten Himmelsszene genau so lautete wie hier wiedergegeben. Vor allem läßt sich nicht mehr rekonstruieren, *wohin* Jahwe den Satan verstieß. Aber irgendeine Ortsangabe muß es gegeben haben. Zur Vielschichtigkeit des Hiobmärchens gehört nämlich auch, daß es wie beiläufig eine Satansätiologie liefert. Es erzählt, wie der Satan wurde, was er ist, wie er sich seinen Namen buchstäblich verdiente, zum Widersacher schlechthin mutierte, indem er aus dem Kollektiv der »Söhne Gottes« heraustrat und zu *Jahwes* Widersacher wurde, als der er fortan in der jüdischen Theologie firmierte. Darin steckt auch ein Fingerzeig auf die Abfassungszeit des Märchens. Gewöhnlich wird unterstellt, daß der Hioberzählung die starre Gegenüberstellung von Gott und Satan, der Macht des Guten und der Macht

Doppelte). Es handelt sich um nachträgliche Redaktionsarbeit, die später transparenter werden wird; siehe unten, S. 100 ff.

des Bösen, wie sie im ersten vorchristlichen Jahrhundert in der jüdischen Apokalyptik feste Form gewann, noch unbekannt ist. Wie aber, wenn es gerade umgekehrt wäre? Ein Märchen, das die Herkunft eines Brauchs, einer Rolle oder eines Namens erzählt, pflegt den Sachverhalt, dem es da eine eigene Entstehungsgeschichte andichtet, ebenso als bekannt vorauszusetzen wie ein Mythos den Ritus, dem er eine nachträgliche »Begründung« unterschiebt. Warum sollte das hier anders sein? Erst wenn dem Satan die Rolle des von Jahwe verstoßenen Widersachers bereits zugefallen ist, stellt sich die Frage, wie es dazu kam. Erst wenn diese Frage brennt, kann ein Märchen, das sie spekulativ beantwortet, theologische Brisanz entfalten. Warum also sollte das Hiobmärchen aus vorapokalyptischer Zeit stammen? Ist es als Widerhall der aufkommenden Apokalyptik nicht viel plausibler? Dann allerdings dürfte es rund hundert Jahre später geschrieben worden sein als gemeinhin angenommen wird, also erst im zweiten oder um die Wende zum ersten vorchristlichen Jahrhundert.[26]

26 Lange war Forschungskonsens, das Buch Hiob könne kaum später als 200 v. Chr. entstanden sein, weil es in Jesus Sirach, einer apokryphen Schrift, die sich ziemlich genau auf 190 v. Chr. datieren läßt, bereits als bekannt vorausgesetzt werde. Doch die Belegstelle dafür ist windig. Sir 49,8 lautet: »Ezechiel sah eine Vision und beschrieb die Gestalten am Thronwagen.« Für den folgenden Vers 9 gibt es drei unterschiedliche Lesarten: (1) »Und ich will auch Hiobs gedenken, der die Wege der Gerechtigkeit einhielt.« (2) »Und er gedachte auch Hiobs, der die Wege der Gerechtigkeit einhielt.« (3)»Und er gedachte auch der Feinde im Regen …« Die dritte Lesart beruht wahrscheinlich auf einem handschriftlichen Übertragungsfehler und kommt nicht ernstlich in

An seiner Dramaturgie ändert das freilich nichts, und die ist von Anfang an auf den Punkt hin angelegt, an dem Jahwes Zorn »entbrennt«. Dieser Zorn wäre eigentlich schon beim ersten Auftritt des Satans fällig gewesen. Stattdessen biedert sich die göttliche Majestät beim Satan an und buhlt um seinen Beifall. Sogar auf einen zweiten Test läßt Jahwe sich ein, statt zu explodieren. Erst beim dritten Testvorschlag ist der Zornesausbruch unvermeidlich – und bringt den Umschwung. Nun ist die dritte Himmelsszene zwar eliminiert worden, aber interessanterweise nicht ganz. Wer immer sie verschwinden ließ – er konnte sich nicht entschließen, eben jenen Zorn zu unterschlagen, der die Wendung von Hiobs Geschick einleitete. Aus Scheu davor, selbst von diesem Zorn heimgesucht zu werden, wenn man ihn »anrührt«, und sei es auch nur in seiner papierenen Schriftform? Oder aus Respekt vor der Erzähllogik des Märchens und aus Gespür dafür, daß ohne das reinigende Gewitter des Zorns der Wiederherstellung Hiobs gleichsam der Impuls fehlte und sie erschiene, als sei sie ohne rechte Ursache – gewissermaßen »umsonst«? Beide Motive schließen einander übrigens nicht aus. Wie auch immer: Jahwes Zorn hat sich erhalten; der Wortwechsel hingegen, an dem er sich entzündete, ist verschwunden – und damit auch die Figur, gegen die er

Betracht. Aber nicht einmal die erste sagt eindeutig, daß Sirach, wenn er »Hiobs gedenkt«, damit ein *Buch* meint. Die zweite Lesart hingegen meint eindeutig *kein* Buch, sondern referiert lediglich jene uns schon bekannte Stelle (Ez 14,13 f.), an der *Ezechiel* Hiob als einen der drei Gerechten der Vorzeit erwähnt.

sich richtete: der Satan. Und so brauchte der Zorn ein Ersatzobjekt, ganz wie im irdischen Leben, wo starke Affekte, denen ihr eigentliches Objekt entzogen ist, sich an andern Objekten entladen.

So kam es, daß Jahwes Zorn umgelenkt und gegen drei Figuren gerichtet wurde, mit denen er überhaupt nichts zu tun hatte: die drei »Freunde« Hiobs. Sie kommen im Märchen gar nicht vor. Nur in der Dichtung treten sie auf und halten Hiob, der sich schuldlos ins Elend gestürzt sieht und Gott darob anklagt, in langen Reden mit immer wieder neuen Wendungen entgegen, daß Gott niemanden umsonst leiden läßt, daß Hiob also gefälligst die Schuld entdecken und bekennen möge, die die Ursache seines Aussatzes ist. Erst im Zuge der Verkupplung der kurzen Erzählung mit der langen Dichtung sind diese drei Figuren zu Jahwes Blitzableitern geworden. »Entbrannt ist mein Zorn gegen dich und deine beiden Freunde«, sagt er zu einem von ihnen – und schiebt eine Erklärung nach, die fortan zu einem endlosen exegetischen Rätselraten geführt hat: »denn ihr habt nicht recht über mich geredet wie mein Knecht Hiob.« (42,7) Wie das? Diejenigen, die Gott die ganze Zeit gegen Hiobs Anklagen in Schutz nahmen, sollen »unrecht« über ihn gesprochen haben, der Ankläger hingegen »recht« (oder »richtig«)? Selbst wenn ihre Parteinahme für Gott »unrecht« bzw. »falsch« war, weil es nicht stimmt, daß jedem Leiden eine Schuld entspricht – sind deshalb die Reden, die Hiob gegen Gott losließ, schon das Vorbild, das sich seine Freunde hätten nehmen sollen?

Die Exegeten haben nichts unversucht gelassen, um Sinn in diesen dunklen Vers hineinzuzwingen; sei es, daß sie die »rechte« Rede Hiobs auf seine knappen Worte im Märchen einschränken, in denen er das Böse ebenso hinnimmt wie das Gute, oder auf seine Schlußworte in der Dichtung, in denen er »in Staub und Asche« bereut (42,6); sei es, daß sie »recht« im Sinne von »rechtschaffen« verstehen und Hiobs Anklagen gegen Jahwe als ehrlichen, echten Leidensausdruck werten, der aber seiner Gottesfurcht keinen Abbruch tue und daher von Jahwe höher geschätzt werde als die Äquivalenzmechanik, die seine Freunde gebetsmühlenhaft vortragen. Manche nehmen zur Grammatik Zuflucht und übersetzen »ihr habt nicht recht *zu* mir geredet« statt »*über* mich«, in der Annahme, das einzig verantwortliche Reden von Gott sei das Antworten auf Gottes Anrede, also das Reden *zu* oder *vor* Gott (*coram deo*), während das Reden *über* Gott nie mehr ergebe als bloßes Räsonieren. Doch nach all diesen Verrenkungen ist es wie zuvor. Jahwes Zorn gegen die drei Freunde bleibt schlechterdings unmotiviert, weil er ganz woanders herkommt. Er hat in ihrem Verhalten ebensowenig seinen Grund wie der Waschzwang im Staubkörnchen. Er ist auf Hiobs Freunde lediglich übertragen worden, weil er sich an seinem eigentlichen Objekt, dem ins Vergessen gestoßenen, buchstäblich verdrängten Satan, nicht mehr auslassen konnte. Die Begründung – »ihr habt nicht recht geredet wie Hiob« – verdunkelt lediglich, wem der Zorn ursprünglich galt. Ihren tieferen Sinn zu ergründen ist ebenso vergeblich wie herausfinden wollen, welche geheime Eigenschaft das Staubkörnchen zur Ursache des Waschzwangs macht. Das große Rätsel von Hi 42,7 ist bloß etwas Vorgeschobenes: eine redaktionelle Rationalisierung.

Das schale Happy end

Allmählich wird erahnbar, warum das Buch Hiob nur als Verschnitt überlebt hat, an dem eine nicht genau bestimmbare Anzahl von Operateuren wegschneidend und hinzufügend beteiligt war. Der Grundtext, ein kleines Märchen von wenigen Seiten, stellte das gesamte jüdische Gemeinwesen in Frage. Jahwe, den einzigen Gott, als einen darzustellen, der sich mit »Söhnen« umgibt; der sich mit einer dubiosen, aus dem Pulk dieser »Söhne« hervortretenden Figur gemein macht, sich auf einen schäbigen Frömmigkeitstest einläßt und einen untadeligen Menschen schwersten Leiden aussetzt, nur um zu beweisen, daß er sich zu Recht mit dessen Untadeligkeit gebrüstet hat: das verletzte alle Standards des jüdischen Monotheismus. Wie aber, wenn Hiob dem Test standhielt? War dann nicht die Ehre Jahwes wiederhergestellt, der Test nachträglich durch sein Ergebnis gerechtfertigt – und alles wieder gut, sofern Jahwe den ins Elend Gestürzten angemessen rehabilitierte? Auf diesen Kredit mag man die beiden ersten Testrunden akzeptiert haben: als Aufbau einer – ebenso erzählerischen wie theologischen – Spannung, die zwar alles gewohnte Maß überstieg, damit aber auch um so reizvoller war, wenn sie sich denn in der dritten Runde in Wohlgefallen auflöste. Nur wo bleibt dies Wohlgefallen: der endgültige Frömmigkeitsbeweis? In der Asche hält Hiob zwar unbeirrt an Gott fest. Aber damit ist das Buch ja nicht zu Ende. Es beginnt sein quantitativer Hauptteil: die Dichtung. Sie präsentiert einen um hundertachtzig Grad gewendeten Hiob, der in heftigste Klagen und Anklagen gegen Gott ausbricht. Selbst wenn er am Ende des großen Redezyklus dann »in Staub und Asche« bereut, so gesteht er damit lediglich, daß er die fromme Standhaftigkeit, die Jahwe so an ihm gepriesen hat, nicht durchzuhalten vermochte. Wer standhält, hat nichts zu bereuen. Und wenn der Text an Hiobs Reue die Behauptung knüpft, einzig *er* habe – im Gegensatz zu seinen Freunden – »recht« über Gott geredet, so bleibt völlig unklar, auf welche seiner heterogenen Äußerungen sich das denn beziehen soll. Nirgends wird ein endgültiger Frömmigkeitsbeweis Hiobs greifbar.

Darin bleibt das gesamte überlieferte Buch Hiob in der Spur des Märchens. Denn dessen Pointe ist ja die dritte Testrunde. Zweimal ging es gut für Hiob aus – und damit für Jahwe. Der Test schien am Ende zu sein, eine Steigerung nicht mehr möglich. Und dann macht der Satan einen ebenso einfachen wie ungeheuerlichen Vorschlag: »Rühre seine Augen an.« Ob genau das die Worte sind, die der Erzähler wählte, oder ob er ein wenig anders formulierte (z. B. »öffne seine Augen«, »entferne den Schleier von seinen Augen« o. ä.), läßt sich nicht mehr ermitteln. Aber in der Sache gibt es keinen Zweifel. Der Satan schlägt vor, Jahwe möge Hiob den himmlischen

Wortwechsel offenbaren, der ihn ins Elend gestürzt hat. Das ist die einzig mögliche Steigerung, die das Märchen übrig läßt. Und nun entbrennt Jahwes Zorn. Solange Hiob »das Böse«, das ihm widerfährt, als ebenso »umsonst« wie das Gute erachten konnte, also als unerforschlichen Ratschluß Gottes, vermochte er es hinzunehmen. Wenn er aber erfährt, welch mieser überirdischer Handel ihn in die Asche gebracht hat, dann besteht die dringende Gefahr, daß er genau das tut, was der Satan vorausgesagt hat: Jahwe ins Angesicht fluchen – nicht aus Schwäche, sondern aus allzu berechtigter Empörung: weil er Jahwes wahres »Angesicht« erkannt hat. Das darf auf keinen Fall passieren. Und so verbirgt Jahwe sein »Angesicht«. In den ersten beiden Testrunden entfernte sich der Satan jeweils nach getroffener Vereinbarung »vom Angesicht Jahwes«. Nun entfernt Jahwe ihn von seinem Angesicht – an einen unwirtlichen Ort, von dem wir nicht wissen, wie der Erzähler ihn genannt hat, an dem ihm das göttliche Angesicht aber von nun an abgekehrt sein wird. Zuvor jedoch hat er es erschaut, um nicht zu sagen: durchschaut. Hiob hingegen hat es nie zu sehen bekommen. Und dabei soll es auch bleiben. Lieber Hiob rehabilitieren, ihm doppelt so viel Vieh wie zuvor verschaffen, ihm erneut sieben Söhne und drei Töchter zuteil werden lassen, deren Glanz die der früheren Kinderschar überstrahlt,[27] als sich ihm zu offenbaren.

27 Wie die charmanten Mädchennamen anzeigen, die auch dafür stehen, daß diese Töchter nicht mehr nur »Habe« sind, sondern Individuen.

Nichts anderes nämlich hatte der Satan verlangt: die Offenbarung Jahwes. Doch diese Offenbarung wäre die Bloßstellung Jahwes gewesen. Deshalb sein Zorn, mit dem er zwar den Satan in die tiefste Tiefe zu verstoßen vermag, aber zugleich eingesteht, daß er dessen Widerrede nicht gewachsen ist. Und deshalb die augenblickliche Wendung von Hiobs Geschick. Sie geschieht umsonst – ohne daß dieser dafür die Gebühr des äußersten Härtetests entrichten mußte. Er bleibt den ultimativen Frömmigkeitsbeweis schuldig und bekommt doch mehr als er je hatte. Für diese Wendung steht das hebräische Wort *schub* (Umkehr). Die Propheten verwendeten es häufig, wenn sie das treulose Volk Israel zur Umkehr zu Jahwe aufriefen.[28] Nun ist es jedoch Jahwe, der umkehrt: nämlich sowohl das Geschick Hiobs als auch sich selbst. Indem er sich vom Satan abkehrt, kehrt er sich auch ab von dem selbstgefälligen Prahlen, mit dem er sich dem Satan zugekehrt hatte. Und indem er Hiob mit Segen überschüttet, schüttet er auch die Wundmale zu, die seine himmlische Zusammenkunft mit dem Satan auf Erden verursacht hat. Das ist nicht etwa der Lohn für Hiobs Standhaftigkeit, sondern der Versuch, den ganzen Testverlauf ungeschehen zu machen. Einer, der sich nach eigenem Eingeständnis hatte verleiten lassen, leistet hier Wiedergutmachung. Theologisch nennt man das Buße; hebräisch: *schub*. Und zwar soll nicht bloß alles wieder gut werden, sondern besser als je zuvor.

28 Cf. Hans Walter Wolff, *Das Thema ›Umkehr‹ in der alttestamentlichen Prophetie*, in: derselbe, *Gesammelte Studien zum Alten Testament*, Chr. Kaiser, München 1964, S. 130 ff.

Nun mag man es zwar als großzügige Entschädigung erachten, wenn jemand für seinen verlorenen Viehbestand einen doppelt so großen bekommt. Doch wie ist es bei eigenen Kindern? Sind zehn verlorene durch zehn neue ersetzbar? Gegen diese Rechnung muß sich jeder sträuben, der in Menschen Individuen wahrnimmt: einzigartige, unersetzliche Wesen. In der Trauer über gestorbene Kinder können neugeborene zwar ein Trost sein, aber niemals ein Äquivalent für die verlorenen. Doch gerade darauf läuft es beim *Happy end* hinaus: Wiedererstattung des Verlorenen plus Zins – zur spurlosen Tilgung all des Peinlichen, das vorangegangen war: sowohl der Schläge, die Hiob ereilten, als auch ihres skandalösen himmlischen Vorspiels. Ihrer soll nicht mehr gedacht werden – und schon gar nicht die Frage aufkommen, was geschehen wäre, wenn der dritte Test stattgefunden hätte. Er wäre nämlich in jedem Fall kompromittierend ausgegangen. Entweder Hiob hätte Jahwe kompromittiert und ihm ins Angesicht geflucht – entsetzt darüber, in all seinem Leiden lediglich Versuchskaninchen zu sein. Oder er hätte *sich* kompromittiert. Wer zu einem Gott hält, der solche Versuche anstellt, ist nicht mehr länger rechtschaffen, aufrichtig und dem Bösen fern. Deshalb durfte der dritte Test um keinen Preis stattfinden.

Das *Happy end* kommt also nicht *nach* dem dritten Test, sondern an seiner Stelle. Und deshalb macht dieses Ende auch nicht wirklich *happy*. Es ist zu billig, zu schön, man möchte fast sagen, eine Frühform von Kitsch. Das liegt daran, daß hier einer Wiedergutmachung leistet, der zu echter Buße gar nicht fähig ist. Wer über das Weltganze verfügt – vor welcher Instanz soll der zerknirscht sein? Und so pompös er auch Buße leisten mag – sie kostet ihn nichts. So endet das Hiobmärchen für Jahwe umsonst. Grundlos, gewissermaßen aus einer Laune heraus, war er darauf verfallen, mit seinem besten Stück vor dem Satan zu prahlen. Grundlos ließ er sich zur äußersten Mißhandlung Hiobs verleiten. Nicht ohne Grund hingegen stoppte er den Testlauf nach der zweiten Runde, weil die dritte nur schlecht hätte ausgehen können. Aber die Umkehr von Hiobs Geschick, die Jahwe dann vollzieht und die auch *seine* Umkehr ist – zurück in den Zustand, bevor die verderbliche Spiellaune ihn befiel –, sie ist nichts, wofür er sich krumm legen muß. Er erstattet mit großzügigem Zins zurück, was er genommen hat. Er liefert nicht nur für verlorene Viehherden, sondern auch für umgekommene Kinder und erlebte Traumata einen Zahlungsausgleich, der daherkommt, als könne er alle Verluste voll aufwiegen, sämtliche Wunden spurlos schließen und alles wieder gut machen – ohne daß der Wiedergutmacher dafür irgend etwas entbehren müßte. Er zahlt in unlauterer Währung. Er kauft sich umsonst frei, indem er das unerschöpfliche Füllhorn seines Segens öffnet und über Hiob ein Glück ausschüttet, das nur deswegen kaum kitschig wirkt, weil der Erzähler auch hier bei seiner abgründigen Knappheit geblieben ist und außer einer Andeutung – den neckischen Namen für Hiobs neue Töchter – jegliche Ausmalung unterlassen hat. Wer immer sie aber auf eigene Faust unternimmt, gelangt *nolens volens* zu jener Art von Glamourbildern, die Arnold Künzli »Hollywood-Happy-end«[29] genannt hat.

Und warum hat der Schlußsatz »Und Hiob starb alt und lebenssatt« dennoch etwas Ergreifendes? Zum einen, weil er mit unübertrefflicher Knappheit das schönste Ende benennt, das Sterblichen zuteil werden kann, wenn es denn keine ewige Seligkeit gibt. Zum andern, weil Hiob sein Glück unwissend genießt – nur deshalb, weil er von der himmlischen Versuchsanordnung, deren Objekt er war, und ihrer überstürzten Beendigung nicht das Geringste erfährt. Das ist eine bemerkenswerte erzählerische Novität. Seit es Mythen gibt, gibt es Erzählungen von Göttern, die menschliche Ritualbildungen veranlassen. Im Epos ist die Göttersphäre dann nach dem Muster orientalischer Herrschaftsverhältnisse ausgestaltet worden. Schon das *Gilgamesch-Epos* erzählt vom Rat, den die Götterversammlung über das Schicksal von Sterblichen hält. Bei Homer ufert das Handeln der Götter regelrecht aus. Sie verstricken sich in ihre eigenen Intrigen, denen selbst Zeus nicht entgeht. Sterbliche erhalten zwar keinen Zutritt zu ihren Versammlungen und Auseinandersetzungen. Aber sie erfahren durchaus, was dabei über sie verhängt wurde. Es gibt einen irdischen und einen himmlischen Erzählstrang, aber beide werden an entscheidenden Stellen zusammengeführt.

Nicht so im Hiobmärchen. Es ist etwa ein halbes Jahrtausend jünger als die homerischen Epen, entstammt

29 Arnold Künzli, *Gotteskrise. Fragen zu Hiob. Lob des Agnostizismus*, Rowohlt, Reinbek 1998, S. 47

einer Zeit, in der auch die attische Tragödie ihre besten Tage längst hinter sich hatte und ihre strenge Darstellungsmaxime – die Einheit von Ort, Zeit und Handlung – durchaus über den griechischen Kulturkreis hinaus bekannt geworden war. Doch unser Märchen ist weder episch noch tragisch. Es läßt den irdischen und den himmlischen Erzählstrang hübsch nebeneinander herlaufen und hat darin, daß beide entgegen aller Erwartung nirgends zusammentreffen, gerade seinen besonderen Witz. Denn es hat zwischen beiden eine raffinierte Grenze gezogen. Vom Himmel aus läßt sie sich jederzeit durchdringen, von der Erde aus aber ist sie vollkommen dicht – wie jene modernen Fenster, durch die man von innen bestens hinausschauen kann, während sie dem Blick von außen nur eine Spiegelfläche darbieten. Dank dieser Grenze ist Hiob ungefiltert allem ausgesetzt, was höheren Orts über ihn verhängt wird. Es ereilen ihn Katastrophen, ohne daß er weiß, wie ihm geschieht, während Jahwe vollkommen verborgen bleiben kann: *Deus absconditus*. Aber nur so konnte die Geschichte ein *Happy end* haben. Jahwes Offenbarung hätte ein Desaster ergeben: seine Bloßstellung.

So ist das Hiobmärchen eine Geschichte von der glücklich verhinderten Offenbarung Gottes. Als sei alles noch einmal gut gegangen. Der Satan ist verbannt. Niemand hat von seinem dritten Testvorschlag erfahren. Nur daß das Märchen dies *erzählt*. Es macht seine Hörer/Leser zu Mitwissern dessen, was verborgen geblieben sein soll. Es plaudert die gelungene Geheimhaltung aus. Das aber ist gerade sein Charme. Ein Märchen muß, wenn es einen eigenen Erzählraum eröffnen soll, auch einen eigenen Reiz haben. Es muß anders fesseln als ein Mythos, der die Aura des Heiligtums, in dem er erzählt wird, immer schon auf seiner Seite hat. Das Märchen muß seine Hörer allererst für sich gewinnen. Und das kann es nicht, ohne ihren ganz profanen Wünschen entgegenzukommen. Das tut es zum einen durch den guten Ausgang der Geschichte. In diesem Fall tut es aber noch mehr: Es schmeichelt ihnen. Es weiht sie in etwas ein, was eigentlich niemand wissen darf. Sie – und nur sie – dürfen das himmlische Zusammentreffen Jahwes mit dem Satan belauschen, das allen Sterblichen sonst unzugänglich blieb. Und so genießen sie zweierlei: die gefahrlose voyeuristische Lust der Teilnahme am Verbotenen, die auch die Urlust am Klatsch ist, *und* die Annehmlichkeit des guten Ausgangs. Sie dürfen den ganzen infamen himmlischen Handel empört auskosten und dennoch befriedigt feststellen, daß er die Welt letztlich nicht aus den Angeln gehoben hat. Am Ende ist Gott wieder ganz Gott und Hiob voll wiederhergestellt. Was will man mehr.

Die Riesenplombe

So war das Hiobmärchen für die neue profane Hörer-/Leserschaft, die es um sich scharte, ein schillerndes Faszinosum, für die Theologen aber ein Skandal ohnegleichen. In knapper, schlichter, scheinbar ungelenk wiederholender Rede kommt es daher, ohne auch nur ein einziges abfälliges Wort über Jahwe zu verlieren. Und dennoch kompromittiert es ihn zutiefst – sowohl in seiner Eigenschaft als einziger, über seine Kreatur unendlich erhabener Gott wie als personifizierte Äquivalenz – und feiert ein *Happy end*, das diejenigen, die um sein Zustandekommen wissen, peinlich berührt. In einem Gemeinwesen, das sich um den jüdischen Tempel konstituierte und in ihm sein identitätsstiftendes Kraftzentrum hatte, konnte dieses Märchen nicht unbehelligt kursieren. Um so erstaunlicher, daß es nicht ganz aus dem Verkehr gezogen wurde. Offenbar hatte es eine Fangemeinde. Sie kann mit der Kultgemeinde nicht identisch gewesen sein und muß für andere Erzählformen als die gängigen ritualkonformen begierige Ohren gehabt haben. War sie ein höfisches Gebilde, eine erste Form nicht-sakraler Öffentlichkeit im Dunstkreis des Heiligtums? Wir können sie nicht genau lokalisieren. Aber es muß in ihrem Kreise schnell klar geworden sein, daß dies Märchen kein heiliger Text war, sondern mit heiligen Mitteln Abgründe eines profanen Freiraums öffnete, der viel zu attraktiv war, als daß man ihn freiwillig wieder aufgeben mochte. Womöglich war auch der Autor des Märchens, der seine umfassende theologische Bildung sowohl durchschimmern läßt wie zu verbergen weiß, eine hohe Respektsperson, die nur nebenbei auf dies Märchen gekommen und hauptamtlich mit der Sammlung, Redaktion und Auslegung heiliger Schriften beschäftigt war.

Jedenfalls hat sich die theologisch maßgebliche Instanz gescheut, den Text des Märchens einfach zu konfiszieren und zu vernichten. Sie muß seinen literarischen Rang ebenso begriffen haben wie seinen theologischen

Skandal, also hoch gebildet gewesen sein, weswegen viel dafür spricht, daß sie im Jerusalemer Tempel selbst saß. Sie verlangte nur die Entfernung der dritten Himmelsszene. Der Eingriff war klein, aber tief. Er nahm dem Märchen nur wenige Verse, aber er zog ihm den Nerv. Das geschah allerdings mit größten Skrupeln: so, daß nicht einmal der Zornesausbruch Jahwes spurlos verschwand. Zudem wurde größter Wert darauf gelegt, die Lücke mit etwas zu füllen, was dem Märchen auch ohne seinen Nerv das Weiterleben ermöglichte. Offenbar ging es um Streitschlichtung. Es sollte eine literarische Lösung her, mit der sowohl Gegner als auch Befürworter des Märchens leben konnten. Wem die schwere Aufgabe zufiel, diese Lösung zu finden; wie er zum Autor des Märchens stand, ob er ihn persönlich kannte, ob er gar zu seinem Adeptenkreis gehörte oder zu einer Gegenfraktion, und welche Konflikte das mit sich brachte: dies alles wissen wir nicht. Sagen läßt sich hingegen, womit die Lücke gefüllt wurde: mit nichts Geringerem als der Hiobdichtung. Man bedenke: In eine Miniaturlücke wurde eine Riesenplombe gestopft, die etwa fünfzehnmal so groß ist wie das ganze Märchen.[30] Statt bloß ein kleines Loch einzuebnen, wölbt sie sich darüber wie ein Berg. Sie hat das Märchen zu einem Rahmen marginalisiert, seinen Nerv unkenntlich gemacht – und ist doch nichts als dessen

30 Wenn man vom ursprünglichen Umfang der Hiobdichtung ausgeht, die sich auf ca. dreißig Kapitel beläuft. Durch gezielte Erweiterungen, ohne die sie nicht in den Kanon der heiligen Schriften gelangt wäre, schwoll sie später auf vierzig Kapitel an – das Zwanzigfache des Märchens. Siehe unten, S. 104 ff.

überdimensionaler Ersatz, gewissermaßen das unfreiwillige Mahnmal seines Verschwindens. Das Resultat ist ein Formungetüm. Es bildet den Grundbestand des Buches Hiob.[31] Es besteht aus zwei disproportionalen Teilen, die ebensowenig zusammengehören wie säuberlich voneinander trennbar sind. Ihre Zusammenfügung war eine Notoperation. Den Nerv des Märchens beseitigen und etwas Vertretbares an seine Stelle setzen: darum ging es. Wie weit das gelang, ist erst noch zu erörtern. Aber daß die Operation ganz unter dem Eindruck des zu entfernenden Nervs stattfand, ist offenkundig.

Wer füllte die Lücke? Bestimmt nicht der Autor des Märchens. Er hatte ein literarisches Kunstwerk verfaßt und nicht den geringsten Anlaß, daran nachträglich herumzuoperieren. Wenn theologische Autoritäten aber auf einer Operation bestanden, dann wird nicht gerade *er* sich erboten haben, eine große Dichtung auszuhecken, um die Entstellung, die andere seinem Märchen angetan hatten, unkenntlich zu machen. Nein, die Lücke haben andere gefüllt. Wurde aber die Füllung eigens für diese

31 Christlich geschönt klingt das dann so: »Der Bau des Buches Hiob ist vergleichbar mit einem dreiteiligen Flügelaltar: Zwei Außenflügel in Gestalt eines Prologs (1,1–2,13) und eines Epilogs (42,7–17), die in knappen Strichen die wesentlichen Züge des äußeren Geschehens [...] und ihres himmlischen Hintergrunds holzschnittartig andeuten, umrahmen den mittleren Hauptteil, die Hiobdichtung, die [...] die Innenseite dieses Geschehens, die eigentliche ›Passion‹ des Hiob enthüllt.« (Artur Weiser, *Das Buch Hiob*. Altes Testament Deutsch, Band 13, Vandenhoeck & Ruprecht, Göttingen ³1959, S. 7 f.) Als stünde man vor einem Grünewald- oder Cranachaltar mit dem Gekreuzigten im Mittelteil. Hiobkitsch!

Lücke angefertigt? Dann müßte zumindest der Versuch unternommen worden sein, die Plombe auf den Plot, den Umfang und die Sprache des Märchens abzustimmen. Dafür gibt es aber keinerlei Anzeichen. Vielmehr werden drei Freunde Hiobs eingeführt, die im Märchen gar nicht vorkommen, während die gesamte Personnage aus dem Märchen (Hiobs Frau, seine Kinder, der Satan) mit keinem Wort mehr erwähnt wird, Israels Gott nicht mehr Jahwe heißt und die Wüstenumgebung einer eher urbanen weicht. Und die Hiobfigur wird förmlich umgekrempelt. An die Stelle des unbeirrbar Leidenden, der mit knappen prosaischen Worten das Böse von Gott genauso hinnimmt wie das Gute, tritt in der Dichtung ein Hiob, der in eine dichterische Suada gegen Gott ausbricht und damit einen Wortwechsel von etwa dreißig Kapiteln einleitet. So etwas erfindet man nicht, um in einer kleinen Prosaerzählung eine Lücke zu füllen. Aber auch das Umgekehrte ist absurd: daß zur Hiobdichtung nachträglich unsere kleine Prosaerzählung als Rahmen erfunden worden sei. Ihr Autor, dieser Meister knapper Erzählkunst, soll andrerseits ein solcher Stümper gewesen sein, daß er eine große Dichtung mit einem Personal und einer Umgebung umrahmte, die mit ihr gar nichts zu tun haben?[32]

32 In der neueren Hiob-Exegese gehen einige sogar noch weiter, nämlich zurück zu dem Glauben, daß Hioberzählung und -dichtung derselben Feder entstammen. Man landet wieder dort, wo die Hiobauslegung vor dem Beginn der historisch-kritischen Bibelauslegung schon einmal war. Nur arbeitet man nun mit dem Label »Dichtung«. Alle Ungereimtheiten zwischen Hioberzählung und -dichtung werden zu Kunstgriffen

Nein, die Hiobdichtung muß schon existiert haben, ehe jemand darauf kam, sie mit dem Märchen zu verbinden. Wo aber kommt sie her? Ihr Autor ist ebenso unbekannt wie der des Märchens. Beide befinden sich auf ähnlichem Bildungs- und Sprachniveau, und doch könnten sie verschiedener kaum sein. Der eine artikuliert sich in äußerster prosaischer Zurückgenommenheit, der andere in wasserfallartiger Expressivität. Die Hiobdichtung klingt ganz so, als spreche der Autor darin auch

eines literarischen Genies verklärt. »Es ist dichterisch genial, einen doppelten Spielort und damit eine Doppelsicht auf das Hiob-Geschehen zu etablieren. Und es ist noch einmal genial, in der Verschränkung von Rahmen und Dialogteil und in ihrer eigentümlichen Ausgestaltung einen Zusammenstoß von epischer und dialogischer Weltsicht zu inszenieren.« Als sei da ein antiker James Joyce tätig gewesen, dem es »gerade auf die Konfrontation literarischer Gattungsmöglichkeiten und Sichtweisen ankommt, um die Wirkung zu steigern« (Gerhard Kaiser, l. c., S. 49 und 51). Auch die im Prosa-Schlußteil Jahwe in den Mund gelegte Behauptung, Hiob habe nicht »unrecht« geredet wie seine Freunde, bereitet kein Kopfzerbrechen mehr. Sie firmiert zwar als »ein unheilbarer Bruch des Gedankengangs«, »aber nicht des Geschehens, und das ist der springende Punkt des Hiob-Buchs als Dichtung. Denn Dichtung vermag, was Systemdenken nicht vermag: Sie kann die Erfüllung von Hiobs Sehnsucht nach der Offenbarung des Vaters und die Zustimmung zu dieser exzessiven Sehnsucht verschränken mit der gleichzeitigen Zurück- und Zurechtweisung von Hiobs Menschengedanken durch den Inhalt dieser Offenbarungsrede.« (S. 142 f.) Solchen Quatsch kann nur verbreiten, wer verkennt, daß es für die Zusammenfügung zweier so ungleicher Stücke wie Hioberzählung und -dichtung durchaus ein dringliches Motiv gegeben hat. Sie geschah nicht aus künstlerischem Überschwang (›Knüpfen wir doch mal zwei selbständige Stücke zusammen und schauen, wie das funktioniert‹ oder ›Machen wir doch mal einen Prosarahmen um unsere schöne Dichtung‹), sondern aus Not: zur Abmilderung einer sowohl theologischen wie sozialen Spannung.

seine eigene Leidenserfahrung aus. Doch selbst wenn dem so sein sollte; es bricht sich hier nicht nur individueller Ausdruck Bahn. Der Hiobdichter bewegt sich in den Fußstapfen einer altehrwürdigen literarischen Tradition: der Klage des unschuldig Leidenden vor Gott. Die Paradebeispiele dieser Literatur sind erst im 19. und 20. Jahrhundert entdeckt worden. Sensationell ist der Fund des sogenannten *Sumerischen Hiob*, einer Handschrift aus dem 18. vorchristlichen Jahrhundert, die in den 1950er Jahren in Ninive entdeckt wurde. Es handelt sich um den – nicht ganz vollständig erhaltenen – Klagemonolog eines jungen Mannes.[33] »Meine Freunde verwandeln meine wahre Rede in Lüge, / Der Betrüger hat Schlimmes gegen mich angezettelt – / Du aber, mein Gott, ziehst sie nicht zur Rechenschaft!« (36–38) »Ach laß meine Mutter, die mich geboren hat, der Klage vor Dir kein Ende machen, / Laß meine Schwester kein frohes Lied, keinen frohen Sang anstimmen, / [...] Laß mein Weib betrübt meine Leiden nennen, / [...] Der böse Schicksalsgeist hält mich in der Hand, raubt mir den Lebenshauch, / Der unheilvolle Krankheitsdämon badet sich in meinem Leib« (63–73). »Wie lange noch willst Du mich ungeleitet lassen?« (100) Doch dann wendet sich die Klage zur Einsicht. »Sie, die großen Weisen, verkünden ein wahres und rechtes Wort: / Noch niemals ward ein sündenloses Kind seiner Mutter

33 Auszüge werden zitiert nach Walter Beyerlin (Hg.), *Religionsgeschichtliches Textbuch zum Alten Testament*, Vandenhoeck & Ruprecht, Göttingen 1975, S. 164 f. Verszahlen im Text.

geboren, / Einen unschuldigen Knaben hat es von altersher nie gegeben.« (101–103) Und mit diesem Eingeständnis wendet sich auch das Geschick des Unglücklichen. »Des Mannes bittere Tränen und Klagen fanden bei seinem Gott Gehör, / Als Wehrufe und Weinen, von denen er überströmte, das Herz seines Gottes für ihn besänftigt hatten. / Die rechte Rede, das schlichte reine Wort, das er sprach, nahm sein Gott huldvoll an / [...] Er verwandelte des Mannes Pein in Freude« (118–126).

Die Archäologen haben auch einen *Babylonischen Hiob* gefunden, einen Monolog, der auf das 12. vorchristliche Jahrhundert zurückgeht.[34] »Mein Gott hat mich verlassen und ist entschwunden, / Meine Göttin hat mich aufgegeben und hält sich fern« (I 43–44). »Mein Haus ward mir verwehrt, ich irre draußen umher« (I 50). »Ein Knabe kann meine breite Brust umwenden. / Meine kräftigen Arme sind beide gelähmt.« (I 75–77) »Ich rief zu Gott, doch er ließ mich sein Antlitz nicht schauen, / Ich betete zu meiner Göttin, doch hob sie ihr Haupt nicht« (II 4–5). »Dabei war ich voller Eifer bei Bitte und Gebet, / Gebet war mein Wille, Opfer mir die Regel« (II 24–25). Der Klagende besteht darauf, daß er sich nichts zuschulden kommen ließ. Dennoch tritt er schließlich einen Schritt zurück: von der Klage zur reflektierenden Betrachtung. »Wer aber kennt den Willen der Himmlischen, / Wer begreift die Pläne der Götter in der Unterwelt? / Wo haben Sterbliche das Tun und Lassen des Gottes begriffen? Der noch gestern

34 Walter Beyerlin, l. c., S. 161–163. Verszahlen im Text.

lebte – heute ist er tot, / Plötzlich kam die Finsternis über ihn, bald aber lärmte er wieder froh. Eben noch sang er voller Freude, / Nun jammert er wie ein Klagesänger von Beruf« (II 36–42). Die Klage ist in Staunen vor dem Unbegreiflichen übergegangen, und damit beginnt die Wende zum Guten, die sich in der nur fragmentarisch überlieferten Handschrift nicht erhalten hat.

Von Gewicht ist noch ein akkadisches Schriftstück aus dem achten vorchristlichen Jahrhundert – ein (ebenfalls nicht vollständig erhaltener) Klagedialog, der *Babylonische Theodizee* genannt wird. Hier tritt zunächst ein »Freund« auf und erzählt anteilnehmend vom Schicksal eines Unglücklichen, ehe dieser selbst seinem Freund das Herz ausschüttet.[35] »Denn wo ist ein weiser Mann deinesgleichen, / [...] Wo ein Ratgeber, dem ich meine Pein zu eröffnen vermöchte? / Ich bin vernichtet, bin in tiefster Not.« (5–8) »Meine Kraft schwand, mein Reichtum ist zerronnen« (29). »Die, die Gott nicht suchen, gedeihen wohl, / Jene, die zur Göttin beten, verarmen und verkümmern« (70–71). »So will ich denn mein Haus verlassen, / Mir keinen Besitz mehr wünschen, / Ich will die Gebote Gottes mißachten und seine Ordnungen mit Füßen treten.« (133–135) Der weise Freund nimmt Anteil an diesem Geschick – und hält dennoch dagegen: »der Götter Plan ist verborgen. / Sieh den stolzen Wildesel / Ihn, der die Felder niedertrat, wird der Pfeil treffen!« (58–60) »Den gottlosen Betrüger, der Reichtum gewann, / Verfolgt der Mörder mit seiner Waffe. / Suchst

35 Walter Beyerlin, l. c., S. 158–160. Verszahlen im Text.

du den Rat Gottes nicht – wie könntest du dann gedeihen?« (237–239) Der Leidende entgegnet: »Der Gott legt dem bösen Dämon nichts in den Weg.« (244). Der Freund insistiert: »Suche der Götter gnädigen Hauch, / So wirst du, was in einem Jahr verloren ging, alsbald wiedergewinnen.« (241–242) So wogt die Rede hin und her. Der eine beklagt sich über seinen Gott und ist sich keiner Schuld bewußt. Der andere sucht ihm deutlich zu machen, daß er keine andere Zuflucht als diesen Gott hat. Schließlich geht der Unglückliche von der Klage zur demütigen Bitte über: »Möge der Gott, der mich verließ, mir aufhelfen, / Möge die Göttin, die mich verriet, mir Gnade bezeigen« (295–296). Damit ist die Wende zur Erhörung und Wiederherstellung des Unglücklichen eingeleitet, von der der verlorengegangene Schluß erzählt haben dürfte.

Die drei zitierten Texte sind nur die am besten erhaltenen Vorzeigestücke einer verschütteten altorientalischen Klageliteratur, die einst an den Knotenpunkten der sumerischen, akkadischen und babylonischen Hochkultur gepflegt wurde und auch im Alten Testament, etwa in den Psalmen, in prophetischen Unheilsprüchen oder in den Jeremia untergeschobenen Klageliedern gelegentlichen Niederschlag fand. Aber zu einer eigenen literarischen Gattung hat sie sich weder im alten Israel noch im nachexilischen Judentum entwickelt. Daher auch hier wieder die Frage, die sich schon beim Hiobmärchen stellte: Ist der Verfasser überhaupt Jude? Seine Dichtung hat gelegentlich Anklänge an Klagepassagen in den Psalmen. Doch alle Spezifika der Geschichte Israels, von den

Erzvätern bis zum babylonischen Exil, läßt er aus. Auch der Name Hiob bleibt der Dichtung äußerlich. Er wird immer nur in einem knappen Prosasatz genannt, ehe die leidende Hauptperson das Wort ergreift. Niemand redet sie mit »Hiob« an, wie auch Gott bei den Sprechern der Dichtung nicht Jahwe heißt, sondern Elohim oder Schaddai. Dennoch ist dieser Gott derart dezidiert monotheistisch gedacht, daß tatsächlich nur ein Jude als Autor in Frage kommt, und zwar ein hoch gebildeter, dem die orientalische Literatur entweder auf Grund eigener Reisen oder durch Tätigkeit an einem Zentrum der damaligen Hochkultur geläufig war. Wir wissen zwar nicht, welche Texte der Klageliteratur er kannte und ob einer der hier zitierten dazugehörte. Und doch ist keines der oben angeführten Zitate in seiner Dichtung ohne Resonanz geblieben. Offenbar hat sich hier ein Autor herausgefordert gefühlt, den orientalischen Typus der Klageliteratur auf das Niveau des jüdischen Monotheismus zu heben – in sicherem Gespür dafür, daß erst auf diesem Niveau die Klage ihre volle Schärfe gewinnt. Dabei ist ein Kunstwerk entstanden, das an Umfang, Dramaturgie und geistiger Höhe alle bekannten orientalischen Vorläufer weit übertrifft. Es tritt nicht nur *ein* Freund auf, mit dem der Leidende disputiert; es kommen drei. Rede und Gegenrede greifen jedoch nicht zu wechselseitiger Horizonterweiterung ineinander wie oft bei den Dialogen Platons. Sie verhärten sich vielmehr gegeneinander, prallen mehr und mehr voneinander ab und führen schließlich zu einer Einengung, aus der nur noch ein *Deus ex machina* helfen kann. Und richtig: Zu guter Letzt spricht Gott selbst. Mit seiner Rede endet die Dichtung.

Der Schlagabtausch

Aber zunächst steht die Eröffnung an. Hiob sitzt – laut Märchen – in der Asche. Drei Freunde nahen, um »ihn zu beklagen und zu trösten« (2,11). Ihre Namen werden aufgeführt wie im Personenverzeichnis eines Theaterstücks und kehren nur dann noch in kurzen zwischengeschalteten Prosasätzen wieder, wenn die jeweilige Person an der Reihe ist, zu reden. Aber erst einmal redet Hiob. Und wie! »**3**,3. Es verschwinde der Tag, da ich geboren ward, / und die Nacht, die sprach: Empfangen ist ein Knabe. 4. Jener Tag – er werde Finsternis, / nicht frage nach ihm Gott in der Höhe, / und nicht erglänze über ihm ein Lichtstrahl! 5. Ihn fordere ein die schwarze Finsternis, / es lagere sich auf ihn dunkles Gewölk, / ihn schrecke Tagesverdüsterung. 6. Jene Nacht – es raffe sie hin das Dunkel; / sie reihe sich nicht unter die Tage des Jahres, / in die Zahl der Monde komme sie nicht! 7. Ja, unfruchtbar sei jene Nacht; / es komme kein Jubellaut in sie! 8. Verwünschen sollen sie die Tagverflucher, / die da verstehen, den Leviathan aufzustören. 9. Es sollen finster werden die Sterne ihrer Dämmerung; / sie harre auf Licht, und es komme nicht, / sie schaue nie die Wimpern der Morgenröte, 10. Weil sie des Mutterschoßes Pforte mir nicht verschloß / und nicht verbarg das Leid vor meinen Augen! 11. Warum starb ich nicht bei meiner

Geburt, / verschied nicht, als ich aus dem Mutterschoß kam? 12. Warum nahmen mich Knie entgegen, / und wozu Brüste, daß ich sog? 13. So läge ich nun und wäre stille, / ich schliefe, da hätte ich Ruhe, 14. Mit Königen und Räten der Erde, / die sich Grabmäler erbauten, 15. Oder mit Fürsten, reich an Gold, / die ihre Häuser mit Silber füllten, 16. Oder ich wäre verscharrter Fehlgeburt gleich, / wie Kindlein, die niemals das Licht geschaut.«

Solche Worte hatte sich in Israel noch niemand erlaubt. Allerdings sind sie nicht ganz ohne Vorläufer. Beim Propheten Jeremia heißt es: »Verflucht der Tag, an dem ich geboren! Der Tag, da mich meine Mutter gebar, er sei nicht gesegnet! Verflucht der Mann, der meinem Vater die Botschaft brachte: Dir ist ein Knabe geboren! und ihn hoch erfreute. Jenem Tag ergehe es wie den Städten, die Jahwe zerstört hat ohne Erbarmen. Er höre Wehgeschrei am Morgen und Kriegslärm zur Mittagszeit, weil er mich nicht gemordet im Mutterleibe, so daß die Mutter mir zum Grabe geworden und ihr Schoß ewig schwanger geblieben wäre. Warum nur kam ich aus dem Mutterschoß, daß ich Mühsal und Herzeleid schaute, daß meine Tage in Schande vergingen?« (Jer 20,14–18)

Den Tag der eigenen Geburt verfluchen, ihn verantwortlich machen für das ganze persönliche Elend, das ihm folgte: das ist ein Tonfall, der bis heute erschauern läßt. Erst recht mußte er frommen jüdischen Ohren zuwider sein: als Auflehnung gegen den Schöpfergott, der in unerforschlichem Ratschluß jedem seinen Tag zugeteilt hat. Doch der Hiob der Dichtung geht noch einen entscheidenden Schritt weiter. Er stellt die gesamte Weltordnung zur Disposition, in der dieser Tag seinen Ort hatte. Er verlangt die nachträgliche Entfernung dieses Tages aus dem Weltlauf – zur Not mit Hilfe der »Tagverflucher«, die »den Leviathan aufzustören« wissen, also obskurer Magier, deren Verwünschungsrituale den wohlgebändigten Chaosdrachen wieder heraufzubeschwören suchen. Kein Gottesfürchtiger darf an solche Leute appellieren. Doch Hiob fühlt sich dazu durch sein maßloses Leiden berechtigt. Er findet ungeheure Worte für seine Nichtigkeit. Sein Elend ist nicht wert, gelebt zu werden, und der Tod ebnet jegliche Individualität ein. Der mit Pomp bestattete Vornehme und die verscharrte Fehlgeburt sind einander gleich.

Andrerseits macht sich dieser Nichtige zum Weltmittelpunkt. Um seines kleinen persönlichen Geschicks willen fordert er die postume Korrektur der Weltgeschichte. Das hatte noch keiner gewagt; weder Jeremia, noch sein griechischer Zeitgenosse Theognis, dem der Satz zugeschrieben wird: »Gar nicht geboren zu werden wär' irdischen Menschen das beste; / Sind sie aber geboren, so früh als möglich zu sterben«.[36] Das war zwar radikale Weltverneinung, aber auf resignative Weise. Hiob hingegen begehrt auf. Er vollzieht, was Albert Camus »metaphysische Revolte« genannt hat: »die Bewegung, mit der ein Mensch sich gegen seine

36 Wilhelm Nestle, *Vom Mythos zum Logos. Die Selbstentfaltung des griechischen Denkens*, Kröner, Stuttgart 1975, S. 62

Lebensbedingung und die ganze Schöpfung auflehnt«.[37] Er fordert den Schöpfer heraus – in einer Tonlage, die Hiobs Freunde komplett überfordert. Sie kamen – so behauptet jedenfalls der Vorspann zur Dichtung –, um ihn zu trösten. Nun müssen sie auf diese Herausforderung antworten, gewissermaßen an Stelle des Schöpfers – jedenfalls solange dieser nicht selbst antwortet. So werden sie *nolens volens* zu dessen Anwälten – und zu Hiobs Gegnern.

Eliphas von Theman, Bildad von Suah und Zophar von Naama: so heißen die drei. Ihre Namen sind Anspielungen auf Nebenlinien der Erzväter und ihr Wüstenmilieu, auf die nur ein Schriftkenner kommen konnte.[38] Aber sie bleiben ähnlich unbestimmt wie Uz, das Land Hiobs. Sie signalisieren Patriarchenrang, aber keinen priesterlichen Stand. Zweifellos war es ein Verfremdungskunstgriff, drei vornehme Laien mit Erzväterappeal zum Disput über den jüdischen Monotheismus antreten zu lassen. Einen ausgeprägten individuellen Charakter zeigt freilich keiner von ihnen. Ob ihre unterschiedliche Redeweise unterschiedliche Positionen innerhalb der Kultgemeinde chiffrierte, läßt sich nicht mehr ermitteln. Gut möglich, daß kundige Zeitgenossen

37 Albert Camus, *Der Mensch in der Revolte*, Rowohlt Taschenbuch Verlag, Reinbek 1969, S. 22

38 Esau (»der da heißt Edom«) zeugte angeblich mit der hethitischen Fürstentochter Ada als ersten Sohn den Eliphas, dessen Erstgeborener wiederum Theman heißt (Gen 36,1 f. und 11). Abraham zeugte mit seiner zweiten Frau Ketura unter anderem den Suah (Gen 25,2). Naama ist ein nicht mehr lokalisierbarer Grenzort zu Juda (Jos 15,41).

darin sogleich bestimmte tonangebende Theologen erkannten. Für die Nachwelt repräsentieren sie bloß noch in drei verschiedenen Nuancen das bescheidene monotheistische Repertoire ihrer Zeit.

Eliphas von Theman stellt mit seiner ersten Rede die Weichen für den ganzen weiteren Disput. »4.2. Darf ich zu dir reden, / da du verzagt bist? / Doch die Rede zu verhalten, / wer vermag es? 3. Siehe, du hast ja sonst viele gemahnt, / und schlaffe Hände hast du gestärkt. 4. Den Strauchelnden richteten auf deine Worte, / und brechenden Knien gabst du Kraft. 5. Nun, da es an dich kommt, bist du verzagt, / weil es dich trifft, bist du bestürzt. 6. Ist nicht deine Gottesfurcht dein Vertrauen, / und dein unsträflicher Wandel deine Hoffnung? 7. Besinne dich doch: wer verdarb je unschuldig, / wo wurden Gerechte vernichtet? 8. Soviel ich gesehen: Die Unrecht pflügen / und Unheil säen, die ernten es auch.« Eliphas beginnt zwar behutsam-respektvoll bei Hiobs Verzagtheit, allerdings ohne ihr irgendeine Eigenberechtigung zuzugestehen. Daß ein Gepeinigter allen Anlaß hat, verzagt zu sein, und erst einmal allen Anspruch auf Anteilnahme und Trost, egal, wie es um seinen Glauben steht, kommt gar nicht in Betracht. Verzagtheit wird sogleich mit mangelnder Gottesfurcht assoziiert. Falls die Freunde je die Absicht gehabt hätten, Hiob »zu beklagen und zu trösten« (was ja nur in der Überleitung vom Märchen zur Dichtung behauptet wird; sie selbst sagen das nirgends) – spätestens in diesem Moment ist Schluß damit.

Es beginnt ein gnadenloser theologischer Disput. Wer rundum gottesfürchtig ist, warum sollte der verzagen?

Wer aber verzagt, kann es mit dessen Gottesfurcht weit her sein? Eliphas verpackt diesen Angriff natürlich in lauteres Lob: Wie oft hat doch Hiob im Vertrauen auf seine Gottesfurcht und mit Verweis auf seinen untadeligen Wandel andere aufzurichten vermocht! Doch der Subtext ist: Ja, dafür warst du gottesfürchtig genug. Aber um dich selbst aufrecht zu halten, wenn dich das Unglück anfaßt, dafür reicht deine Gottesfurcht nicht aus. Kommt uns das nicht bekannt vor? Hatte nicht schon der Satan gesagt, daß Hiob nur so lange gottesfürchtig bleiben werde, wie es ihm nicht direkt an Leib und Leben gehe? Im Märchen ging dieser Verdacht fehl. In bezug auf die Dichtung erhärtet er sich. Ihr Hiob flucht zwar nicht Gott ins Angesicht, aber immerhin verflucht er den Tag seiner Geburt. Wer so etwas tut, bei dem muß ein Gottesfurchtdefizit vorliegen, diagnostiziert Eliphas nicht ohne spöttischen Unterton. Sein Befund läuft auf die Worte hinaus, die das Matthäusevangelium den Hohepriestern und Schriftgelehrten unter dem Kreuz Jesu in den Mund legt: »Andern hat er geholfen und kann sich selber nicht helfen« (Mt 27,42).

Und warum vermag Hiob das nicht? Hier kommt der Begriff ins Spiel, um den nunmehr die gesamte Hiobdichtung kreist: Unrecht, Schuld. Latent steckte er schon in Hiobs anfänglichem Klageausbruch, der keineswegs nur nach dem Sinn im Leiden sucht, sondern gegen die gesamte Schöpfung revoltiert.[39] Die Welt hat

39 Daß Hiob anfangs nur die Sinnfrage (*qua ratione*) und erst später, unter dem Eindruck der Gegenreden der Freunde, die Rechtsfrage (*qua*

einen schweren Webfehler: Hiobs Geburtstag. Solange er nicht getilgt ist, geht es in Gottes Schöpfung nicht mit rechten Dingen zu. Das ist nicht nur Klage; es ist auch Anklage. Sie trifft den Monotheismus am Nerv. Dagegen fährt Eliphas sogleich das stärkste Geschütz auf: die höhere Beglaubigung seiner Argumentation durch ein Nachtgesicht. »14. Ein Entsetzen ergriff mich und ein Zittern, / all meine Gebeine durchzuckte der Schreck; 15. es geht ein Wehen an mir vorüber, / es sträuben sich die Haare meines Leibes. 16. Da steht es, doch ich kenne sein Aussehen nicht, / eine Gestalt vor meinen Augen; das Flüstern einer Stimme höre ich: 17. ›Ist wohl ein Mensch gerecht vor Gott, / vor seinem Schöpfer rein ein Mann?‹«

Man glaubt, den Apostel Paulus zu vernehmen: »Es ist keiner gerecht, auch nicht einer« (Röm 3,10). Nur ist dieser niederdrückende Satz bei Paulus lediglich die dunkle Folie einer frohen Botschaft, die er im ganzen Mittelmeerraum zu verkünden suchte: daß den Ungerechten die Gerechtigkeit, die sie nicht verdient haben, gleichwohl zuteil wird, wenn sie an Jesus Christus als ihren Retter glauben. »Der aus Glauben Gerechte aber wird leben.« (Röm 1,17) Einen solchen Joker hat der Eliphas der Hiobdichtung nicht in der Hinterhand. Die Frage, die ihm das Nachtgesicht flüsternd stellte, ist

iure) an sein Leiden gestellt habe (so z.B. Maag, l.c., S. 109; Kaiser, l.c., S. 62f.), ist eine künstliche Trennung, zumal er faktisch gar nicht fragt, sondern aufschreit. Sofern eine Frage in seinem Aufschrei steckt, lautet sie: Was ist das für eine Schöpfung, in der mir derart Unrecht geschieht? Das aber ist ebenso eine Sinn- wie eine Rechtsfrage.

rhetorisch. Nein; niemand ist ganz gerecht und rein vor Gott. Und nirgends ein Messias am Horizont, der daran etwas ändern würde. Um so bemerkenswerter, daß Eliphas sein Nachtgesicht nicht etwa gegen seinen eigenen Lebenswandel richtet, sondern einzig gegen Hiob. Der kann nicht rein sein, sonst ginge es ihm nicht so dreckig. »Wer verdarb je unschuldig, / wo wurden Gerechte vernichtet?« Das ist der *Cantus firmus*, den Hiobs Freunde von nun an in unzähligen Variationen singen werden. Eliphas tut das zunächst vergleichsweise sanft. »**5**,8. Ich aber würde an Gott mich wenden / und meine Sache vor Gott bringen, 9. der große Dinge tut, unergründlich, / wunderbar und ohne Zahl, 10. der Regen spendet auf die Erde / und Wasser auf die Fluren sendet, 11. daß er die Niedrigen hoch hinstelle, daß die Trauernden emporsteigen zum Glück.«

Wer soll Hiobs Klage über die Unzulänglichkeit der Schöpfung erhören. Es gibt dafür keine höhere Instanz als den Schöpfer selbst. Er ist auch oberster Richter. Den aber kann ein Sterblicher schlecht verklagen. Hiob mag wohl seine »Sache vor Gott bringen«, aber bitte vor ihn als Schöpfer. Als solcher, in unendlicher Überlegenheit, ist er zwar für Klagen unerreichbar, hört aber gerade deshalb nicht auf, Hoffnung zu spenden. Wie er die Pflanzen durch Regen wachsen läßt, so läßt er auch »die Trauernden emporsteigen«. Gott als Schöpfer wahrnehmen heißt allerdings, die Klage fahren lassen und im Unglück seine Zuwendung erkennen: »**5**,17. Wohl dem Menschen, den Gott zurechtweist! / So verwirf nicht die Zucht des Allmächtigen! 18. Denn er tut weh und er verbindet, / er schlägt wohl Wunden, doch seine Hand heilt.« Wo Zurechtweisung ist, da war Verfehlung. Hiob ist nicht umsonst ins Unglück geraten. Wo aber ist das Äquivalent dazu: das Vergehen, mit dem er sich sein Unglück eingehandelt hat? Es muß dieses Äquivalent geben, sagen die Freunde, sonst wäre Gott nicht Gott. Es gibt dieses Äquivalent nicht, sagt Hiob. Allein darum dreht sich der ganze weitere Streit. Zunächst antwortet Hiob dem Eliphas, dann ergreift Bildad das Wort, wieder antwortet Hiob, danach spricht Zophar, worauf eine weitere Antwort Hiobs erfolgt. Dann geht es in gleicher Abfolge in eine zweite, schließlich in eine dritte Runde, ohne daß die Argumentation irgend voran käme.

Hiob sieht sich nicht etwa gerechter Strafe ausgesetzt, sondern einem unmotivierten Angriff. »**6**,4. Denn die Pfeile des Allmächtigen stecken in mir, / und mein Geist saugt ein ihr glühendes Gift; / die Schrecken Gottes verstören mich.« Lieber tot sein, als so leben. »9. Daß es Gott doch gefiele, mich zu zermalmen, / daß er seine Hand ausreckte und schnitte mich ab! 10. So wäre doch das noch mein Trost, / und frohlocken wollt' ich im schonungslosen Schmerz. / Denn nicht habe ich verleugnet die Worte des Heiligen. 11. Was ist meine Kraft, daß ich ausharre? / und was ist mein Ende, daß ich mich gedulde? 12. Ist denn meine Kraft die Kraft von Steinen, / oder ist mein Fleisch von Erz?« Und dennoch beharrt Hiob: »24. Belehret mich, und ich will schweigen; / worin ich gefehlt habe, saget mir an. 25. Wie wirksam sind doch aufrichtige Reden. / Aber was tadelt ein Tadel von euch?« Nichts Greifbares; die Freunde können ihm nicht *ein* konkretes Versagen nachweisen. Das interessiert sie auch gar nicht. Es geht ihnen nur um ihr Äquivalenzdogma: Wo Leiden, da Verfehlung.

Der Rechtsdiskurs

Hiob hingegen geht es um sein Recht. Er hört nicht auf, es vom Schöpfer zu verlangen, obwohl er weiß, daß er es von ihm nicht bekommen kann. »**9**,32. Denn er ist nicht ein Mensch, wie ich, / daß ich ihm erwiderte, / daß wir zusammen vor Gericht gingen; 33. es ist kein Schiedsrichter zwischen uns, / der seine Hand auf uns beide legte.« Zwischen Schöpfer und Geschöpf herrscht von vornherein Unverhältnismäßigkeit. »**9**.2. Gewiß, ich weiß, dem ist also, / und wie kann ein Mensch Recht haben vor Gott? 3. Hätte er Lust, mit ihm zu rechten, / nicht auf eins von tausend könnte er ihm antworten. 4. Der weisen Herzens ist und stark an Kraft – / wer böte ihm Trotz und bliebe heil? 5. Der Berge versetzt, sie merken es nicht, / der sie umkehrt in seinem Grimme, 6. der die Erde aufschreckt von ihrem Ort, / daß ihre Säulen erzittern, 7. der zur Sonne spricht, und sie strahlt nicht auf, / und der die Sterne unter Siegel legt, 8. der die Himmel ausspannt, er allein, / und einherschreitet auf den Höhen des Meeres, 9. der den Bären gemacht hat und den Orion, / das Siebengestirn und die Kammern des Südens, 10. der große Dinge tut, die unerforschlich, / und Wunderwerke ohne Zahl. 11. Geht er an mir vorüber, ich sehe ihn nicht, / fährt er daher, ich gewahre ihn nicht. 12. Rafft er dahin, wer will ihm wehren? / Wer will zu ihm sagen: Was tust du da?«

Recht kann es nur unter annähernd gleich Starken geben. Gegen den Schöpfer aber kommt niemand auf; er steht über allem Recht. Die großen, unerforschlichen Dinge, die er tut, geben Hiob allerdings weder Halt noch Hoffnung. Sie waren es vielmehr, die ihn niederschlugen. »Der weisen Herzens ist und stark an Kraft«, dessen Weisheit besteht vor allem in Kraft und Stärke. Er macht mit seiner Schöpfung, was er will: breitet sie aus, staucht sie zusammen und rafft grundlos dahin. »Wer will ihm wehren?« »**9**,19. Gilt es die Kraft eines Starken: siehe, da ist er; / gilt es das Recht: wer will ihn vorladen? 20. Hätte ich auch Recht, sein Mund gäbe mir Unrecht / und spräche mich schuldig, wäre ich gleich schuldlos. 21. Schuldlos bin ich!«

Um so mehr überrascht die folgende Stelle: »**13**,24. Warum verbirgst du dein Angesicht / und hältst mich für deinen Feind? 25. Willst du ein verwehtes Blatt erschrecken / und einen dürren Halm verfolgen, 26. daß du mir Bitteres auferlegst / und mich büßen lässest die Schuld meiner Jugend?« Aha, also doch? Kommt hier endlich die die ganze Zeit geleugnete Schuld zum Vorschein? Ja und nein. Der Hiobdichter versteht etwas anderes unter Schuld als der Apostel Paulus. Für letzteren sind die Menschen seit Adam konstitutionell unfähig, das Gesetz vollkommen zu erfüllen. Jeder wird von klein auf unweigerlich schuldig und muß dafür mit dem Tod bezahlen (»Der Tod ist der Sünde Sold« [Röm 6,23]), wenn kein von Gott gesandter Retter interveniert. Diese Art der Schuldverfallenheit war schon dem Hiobmärchen fremd. Wenn Hiob dort als »rechtschaffen und aufrichtig, gottesfürchtig und dem Bösen fern« bezeichnet wird, dann heißt das so viel wie sündlos. Ein seltener Fall, vielleicht der einzige überhaupt, weswegen Jahwe mit diesem seinem Mustergeschöpf prahlt und es gerade dadurch dem Unglück aussetzt. Aber selbstverständlich erachtet der Autor des Märchens einen rundum gerechten, vom Bösen nicht infizierten Menschen als möglich.

Das tut auch der Hiobdichter. Sein Protagonist ist ein Gerechter, der nicht nur dem Bösen fern ist, sondern auch weiß, daß er ihm fern ist – und sich in diesem Bewußtsein durch nichts irre machen läßt: weder durch sein Leiden noch durch Leute, die ihm eine Schuld einreden wollen, die er nicht hat. Und die Schuld seiner Jugend? Für die rechtfertigt er sich erst gar nicht, weil sie nicht ernstlich zählen kann. Kindlich-jugendliche Unbedachtheiten gehören zur menschlichen Selbstfindung. Man durchläuft sie und tut sie ab – wie Kinderkrankheiten. Nur ein maßloser böser Blick bauscht sie zu Vergehen auf, die bitter zu büßen sind. Hiobs Leiden als Vergeltung für diese »Puppensünden«: das wäre ebenso unverhältnismäßig und lächerlich wie »ein verwehtes Blatt erschrecken« oder »einen dürren Halm verfolgen«. Zur Gerechtigkeit gehört auch ein Blick mit Augenmaß, der nicht alle menschlichen Regungen sogleich unter dem Mikroskop der Mißgunst auf ihr Sündenpotential untersucht. Für einen solchen gerechten Blick *ist* Hiob gerecht. Und daß er sich die Gewißheit darüber nicht nehmen läßt: das ist gewissermaßen das Überbleibsel seines Gottvertrauens. Er vertraut darauf, daß er sich an die Gerechtigkeit, die ihm der Schöpfer ermöglicht hat, tatsächlich halten kann. Sie ist seine letzte Bastion. Von ihr aus starten seine Ausfälle gegen den Weltschöpfer – auch jener, der allgemein als einer der Höhepunkte der Hiobdichtung gilt: »**16**,16. Mein Antlitz ist vom Weinen rot, / und tiefes Dunkel liegt auf meinen Wimpern, 17. obgleich kein Unrecht klebt an meinen Händen / und mein Gebet rein ist. 18. O Erde, decke mein Blut nicht zu, / mein Schreien finde keine Ruhestatt! 19. Schon jetzt, siehe, lebt im Himmel mir ein Zeuge, / mir ein Bürge in der Höhe. 20. Es spotten meiner meine Freunde; / zu Gott blickt tränend auf mein Auge, 21. daß er Recht schaffe dem Manne gegen Gott, / dem Menschen gegen seinen Freund.«

Die Stimme der Gerechtigkeit nimmt hier ihre Elementarform an: die des schreienden Bluts. Die aber kann gar nicht anders als Gott zum Zeugen anzurufen und ihr Recht von ihm zu verlangen. Selbst wenn sie an ihn nicht heranreicht, so vertritt ihr Schreien doch die unbesetzte Stelle der göttlichen Gerechtigkeit – so ähnlich, wie es schon von Abraham und Mose behauptet worden war. »Willst du mit dem Gottlosen auch den Gerechten wegraffen?« hatte Abraham seinen Gott gefragt, als dieser sich anschickte, seinen Zorn über Sodom und Gomorra auszugießen (Gen 18,23). »Laß dich das Unheil gereuen, das du über dein Volk bringen willst«, flehte Mose. »Gedenke deiner Knechte Abraham, Isaak und Israel, denen du bei dir selbst geschworen und verheißen hast: Ich will euern Samen so zahlreich machen wie die Sterne am Himmel« (Ex 32,12 f.). Beide Male hat Jahwe laut Bibeltext tatsächlich auf seine Knechte gehört und durch ihre Intervention zu sich selbst zurückgefunden. Das sind zwei der seltenen Stellen, an denen Gott seine Absicht oder Tat *bereut*, weil jemand ihn daran zu erinnern wagte, daß sie nicht gottgemäß ist. Da übernehmen Geschöpfe auf eigene Faust Leerstellen im Wesen des Schöpfers und geben seiner versprengten Verheißung, Gerechtigkeit und Treue Unterschlupf. Seine vornehmsten Attribute finden ausgerechnet bei ihnen, den irdischen Winzlingen, für einen großen Moment eine Zufluchtsstätte.

Im Buch Hiob liegen die Dinge komplizierter. Schon im Märchenteil. Da gesteht, wie wir uns erinnern, Jahwe zwar ausdrücklich, nicht gottgemäß zu handeln, macht aber den Satan dafür verantwortlich: »Du hast mich verleitet«. Doch der Satan, der ihn angeblich aus der Rolle hat fallen lassen, ist eigentlich derjenige, der ihn in sich gehen läßt – durch einen Vorschlag, der ihn tief beschämt, ihn von seinem unwürdigen Menschenversuch abbringt und zur Wiederherstellung Hiobs führt. Nur daß die göttliche Beschämung sich in einem Zornesausbruch gegen den artikuliert, der sie ausgelöst hat. Jahwe gibt seine Umkehr nicht zu und verstößt den, dem er sie verdankt. Wir haben es also mit einer sich selbst verleugnenden Reue Gottes zu tun. In der Hiobdichtung hingegen wird Gottes Reue ausdrücklich herbeibeschworen, aber vergeblich. Hiob scheut sich nicht, in die Fußstapfen von Abraham und Mose zu treten. Mehr noch: Wo diese baten und flehten, fordert er ein. Doch auf diesem Ohr hört Gott nicht. Um so inständiger wird er als Zeuge aufgerufen. Er soll vor dem Gericht, dem er doch als Richter vorsitzt, für Hiob aussagen – und damit gegen dessen Freunde und gegen sich selbst. Anders gesagt: Gott soll zu sich selbst zurückkehren: zu jener Gerechtigkeit, die ihn wesentlich ausmacht und die Hiob für ihn hochhält.[40]

40 In der Metapher, daß Gott etwas »bereut«, wird der Gottesbegriff reflexiv. Er wendet sich gegen sich selbst. Das tut damit auch die Theologie. Ihr dämmert, daß Gott sich nicht widerspruchsfrei denken läßt. Ihn als Schöpfer und Richter, als gerecht Urteilenden, zornig Verwerfenden und gnädig Errettenden auf einen Nenner zu bekommen, ist auch den scharfsinnigsten Theologen nicht gelungen. Der Monotheismus bekommt das »Gott gegen Gott« nicht weg. Wo er es ausspricht, wird er bis an den Rand des Offenbarungseids einsichtig. Aber er mutiert damit keineswegs schon zum Dualismus, wie es Ernst Bloch in seiner grobkörnigen Hiobdeutung unterstellt hat. Bloch sieht im Buch Hiob zwei Götter miteinander im Streit liegen: einen primitiven Duckmäusergott, der die Rahmenerzählung (das »Volksbuch«) dominiert, und einen revolutionären »Jachwe des Exodus«, den der Hiob der Dichtung angeblich gegen den Duckmäusergott anruft. Diese Lesart des »Gott gegen Gott« paßt gut in Blochs theologisches Gesamtkonzept, das mit den zwei Göttern des gnostischen Christen Marcion sympathisiert: einem subalternen dämonischen Schöpfergott, der die Unterwerfung unter sein Pfuschwerk verlangt, und einem Erlösergott, der überhaupt erst im Kommen ist. Diese Zweiteilung liest Bloch ins Buch Hiob hinein. Faktisch geschieht dort etwas anderes: härteste Arbeit am Monotheismus. Dessen Ungenügen macht den Autoren schwer zu schaffen. Aber nirgends geben sie ihn zugunsten einer Zweigötterlehre preis. Gleichwohl hat Blochs Empfänglichkeit für die ungeheure Wucht von Hiobs Klage und seine Kritik an deren christlichen Erstickungsversuchen eine Zäsur im Hiobdiskurs gesetzt. »Wie bekannt, wurde der erbittertste Mann als der geduldigste hingestellt. [...] Hiob soll die

Hiobs Freunde sind empört. Gotteslästerung! Sie sind freilich blind dafür, daß in diesem speziellen Fall die Lästerung aus Rechtschaffenheit kommt. Und so ist schnell klar: Es wird keine Verständigung geben. Während Eliphas seine erste Rede noch an Hiobs Verzagtheit knüpfte, schlagen Bildad und Zophar von Anfang an andere Töne an: »Wie lange willst du solches reden?« (8,2) »Soll man dem Worthelden nicht antworten / und soll Recht behalten der Schwätzer?« (11,2) Und warum halten sie dann selbst wieder und wieder ausufernde Reden? Weil die Hiobdichtung ein Ritual simuliert. Gotteslästerliches Sprechen darf keinesfalls ohne Widerspruch bleiben. Dazu hatte schon Ezechiel seiner Gemeinde ein »Wort Jahwes« verkündet: »Wenn sich ein Gerechter von seiner Gerechtigkeit abwendet und Unrecht tut und ich ihn straucheln lasse, so muß er sterben: hast du ihn nicht verwarnt, so stirbt er um seiner Sünde willen, und seiner gerechten Taten, die er getan hat, wird nicht mehr gedacht; sein Blut aber fordere ich von dir.« (Ez 3,20) Wer immer in der Gemeinde einem Frevler nahesteht, wird selbst vom Frevel angefaßt, wenn er sich dagegen nicht verwahrt. Insofern reden die Freunde nicht nur, damit Hiob nicht an seinem Frevel zugrunde geht. Sie reden auch um ihr eigenes Leben. Nicht von ungefähr verläuft die Hiobdichtung im Takt der heiligen Dreizahl. Drei Freunde reden statt – wie in der *Babylonischen Theodizee* – nur einer. Dreimal redet jeder von ihnen,

Zweifler wieder in den Stall zurückbringen.« (Ernst Bloch, *Atheismus im Christentum*, Suhrkamp, Frankfurt am Main 1968, S. 159)

und dreimal antwortet Hiob. Und am Ende ist es wie am Anfang. Sie bestehen auf seiner Schuld. Seine feierlichen Schlußworte aber lauten: »27,2. So wahr Gott lebt, der mir mein Recht genommen, / und der Allmächtige, der meine Seele betrübt hat: 3. Fürwahr, solange noch mein Odem in mir ist / und Gottes Hauch in meiner Nase, 4. wird kein Unrecht von meinen Lippen kommen, / und meine Zunge wird nicht Trug reden. 5. Ferne sei es von mir, daß ich euch Recht gebe; / bis ich verscheide, beharre ich auf meiner Unschuld.«

Wie für den Autor des Märchens war auch für den Hiobdichter die Dreizahl essentiell. Er hatte nicht den geringsten Anlaß, von ihr abzuweichen. Wenn gleichwohl keine dritte Rede des Zophar überliefert ist, wenn stattdessen Hiob zweimal hintereinander spricht und nach seinen markanten Schlußworten in wenig fokussierte Betrachtungen über das Wirken Gottes in der Welt und pedantische Darlegungen seiner Gesetzestreue ausschweift (27,6–31,40), ehe dann weitere sechs Kapitel lang ein gewisser Elihu, der aus dem Nichts auftaucht, ermüdende Reden schwingt, so geht das aufs Konto einer nachträglichen Bearbeitung. Die Dichtung selbst ist so angelegt, daß die dreimal drei Reden der Freunde und Hiobs drei Antworten zusammen einen Reigen von zwölf Reden ergeben. Die heilige Drei und die heilige Zwölf korrespondieren dabei aufs Offensichtlichste. Nur daß sie die Vollkommenheit, die sie suggerieren, zugleich dementieren. Zum einen formal. Dem Reigen geht ja ein Vorspann voraus: Hiobs furchtbare Anfangsklage. Die faktische Zahl der Reden ist also dreizehn – eine

Unglückszahl. Dem entspricht inhaltlich die Sackgasse, in die die Reden führen. Immer wieder besteht Hiob auf seiner Unschuld, immer wieder erklären die Freunde ihn für schuldig. Die Argumente sind schon in der ersten Runde erschöpft. Allmählich tritt die physische Erschöpfung der Redner hinzu. Mögen sie auch um ihr Leben reden – sie kommen nicht vom Fleck. Schließlich ermüdet auch der Leser, zumal beim dritten Rededurchgang nicht, wie die Magie der Dreizahl erwarten läßt, der Knoten platzt, sondern sich heillos zusammenzieht.

Deus ex machina

Am Ende steht ein bleiernes Patt. Das ist dem Hiobdichter nicht einfach bloß unterlaufen. Er hat eigens darauf hingearbeitet. Vielleicht dachte er sich den Reigen der Reden sogar als theaterähnliche Aufführung, bei der das Publikum die Ermüdung gewissermaßen in Echtzeit miterleben konnte. Zumindest liegt der Verdacht nahe, daß er etwas von griechischen Tragödien wußte und von ihrer Dramaturgie nicht unbeeindruckt geblieben war. Dafür spricht vor allem das Motiv des *Deus ex machina*, das seit dem Finale von Aischylos' *Orestie* zu den klassischen Bühnenkunstgriffen gehört. Dort steht Orest vor dem hohen Gericht Athens. Er hat seine Mutter Klytaimnestra ermordet, die zuvor seinen Vater, ihren Gatten Agamemnon gemeuchelt hatte. Das Vaterrecht verlangte vom Sohn die Blutrache. Das Mutterrecht brandmarkt ihn als Kapitalverbrecher. Der Konflikt ist unlösbar. Da erscheint plötzlich die Göttin Athene in einer Hebemaschine über der Bühne und greift von ihr aus (*ex machina*) ein. Sie ruft die Richter zur Abstimmung auf. Die Auszählung der Stimmsteine ergibt gleich viele Stimmen pro und contra. Doch Athene hat selbst mitgestimmt und sich, obwohl ein weibliches Wesen, auf die Seite des Mannes geschlagen. Ihre Stimme gibt den Ausschlag. So geht die Sache unblutig aus. »Der Mann entrann dem Recht des Bluts, / denn gleich groß ist die Zahl der Steine.«[41] Orest verläßt das Gericht nicht als Unschuldiger, aber als Verschonter. Der Konflikt ist nicht gelöst, aber geschlichtet.

Jahwe ist freilich keine griechische Gottheit. Undenkbar, daß er, von dem man sich kein Bild machen darf, auf einer Theaterbühne erschiene. Aber wie im Konflikt um Orest haben sich auch im Konflikt um Hiobs Schuld oder Unschuld die Kontrahenten ausweglos festgezogen. Nur einer kann helfen, und plötzlich ist dieser eine da. In dem Prosasatz, der ihn einführt, heißt er auch wieder, wie im Märchen, Jahwe. Er macht keinen Theaterdonner, sondern echten, spricht nicht *ex machina*, sondern »aus dem Wetter«, also mit ähnlichem atmosphärischen Nachdruck wie einst, als er seine zehn Gebote auf dem Sinai aus Blitz und Donner hervorgehen ließ. Diesmal hält er eine ganze Rede. Sie beschließt den Zyklus und macht aus der unglücklichen Dreizehn eine Vierzehn, also eine doppelte Sieben. Und sie richtet sich ausschließlich an Hiob.

41 Aischylos, *Die Eumeniden*, 752 f.

»**38**,2. Wer ist's, der da verdunkelt den Ratschluß / mit Reden ohne Einsicht? 3. Gürte doch wie ein Mann deine Lenden; / ich will dich fragen, und du lehre mich! 4. Wo warst du, als ich die Erde gründete? / Sag an, wenn du Bescheid weißt! 5. Wer hat ihre Masse bestimmt – du weißt's ja – / oder wer die Meßschnur über sie ausgespannt? 6. Worauf sind ihre Pfeiler eingesenkt, / oder wer hat ihren Eckstein gelegt, [...] 8. Wer hat das Meer mit Toren verschlossen, / da es hervorbrach aus dem Mutterschoß? [...] 12. Hast du in deinen Tagen je dem Morgen geboten, / dem Frührot seinen Ort gewiesen, 13. daß es die Säume der Erde erfasse, [...] 14. daß sie sich wandelt wie Ton unter dem Siegel / und sich färbt wie ein Gewand? [...] 17. Sind dir die Tore des Todes aufgetan worden / und hast du die Pförtner des Dunkels gesehen?« Die »Wohnstatt« des Lichts und der Finsternis (19) werden erfragt, die »Kammern« von Schnee und Hagel (22), die Wege des Windes (24), die »Rinne« des Regens (25 f.), der Lauf der Gestirne: »Knüpfst du die Bande des Siebengestirns, / oder lösest du die Fesseln des Orion?« (31) Am Ende ein Schwenk zur Tierwelt: »Erjagst du dem Löwen die Beute, / stillst du den Hunger der Jungleuen« (V. 39), »bestimmst du die Zeit, da die Steinziegen gebären« (39,1), und schließlich: »**39**,26. Hebt durch deine Weisheit der Falke die Schwingen, / breitet seine Flügel aus nach Süden? 27. Schwingt sich auf dein Geheiß der Adler hoch / und baut sein Nest in der Höhe?«

In der Gottesrede läßt der Hiobdichter sein ganzes poetisches Farbspektrum leuchten. Nur, mit Verlaub:

Was soll diese Rede hier? Verfehlt sie nicht völlig das Thema? Inständig hatte Hiob seinen Gott als Zeugen, Anwalt oder Richter herbeigerufen, und nun, wo er tatsächlich seine Stimme hören läßt, sagt er kein Wort zur Streitfrage, sondern stellt lauter Gegenfragen, bei denen jedes Gericht urteilen müßte, daß sie nicht zur Sache gehören. Wie ist die Welt entstanden? Wie kommt es, daß ihre zahllosen Elemente stimmig ineinandergreifen und dauerhaft zusammenhalten?[42] Was soll Hiob dazu sagen? Er weiß es ebensowenig wie alle andern Sterblichen. Gott gibt ihm eine Antwort, in der er ihm auf sein Verlangen nicht antwortet. Er offenbart ihm, daß er ihm die ersehnte Offenbarung vorenthält. Der Hiobdichter befindet sich durchaus auf dem Höchststand damaliger Naturerkenntnis. Aber wie niemand zuvor hebt er daran die Seite des Nichtwissens hervor. Er artikuliert jenes Staunen, von dem besonnene Naturforscher sich bis heute etwas bewahrt haben. Selbst wenn die aktuelle Naturwissenschaft die antike turmhoch überragt – wie es kommt, daß Naturprozesse immer wieder gleich ablaufen, daß die unübersehbare Vielfalt ihrer Bestandteile sich so fügt, daß eine ganze Zivilisation sich darauf verlassen und daran orientieren kann – das weiß auch der klügste Kopf bis heute nicht zu sagen, weshalb

42 Nur die Fragen hierzu machen den echten Bestand der Gottesrede aus. Stellen hingegen, an denen Gott aus dem Fragemodus hinaustritt und sich redselig über sein eigenes Tun, über das Ergehen der Gottlosen oder über das Verhalten von Steinziegen, Wildeseln, Pferden und Adlern verbreitet, sind dringend verdächtig, spätere Zusätze zu sein. Zu den Motiven dafür siehe unten, S. 112 f.

immer wieder selbst Intelligenzen vom Format eines Albert Einstein geneigt sind, hier das Wirken einer alles umfassenden göttlichen Kraft anzunehmen.

Der Gottesglaube Einsteins unterscheidet sich nur unwesentlich von dem des Hiobdichters. Letzterer artikuliert sich in einer raffinierten Frageform. Was wißt ihr Sterblichen denn schon von dem, was die Welt im Innersten zusammenhält? Diese Grundfrage, ausgefaltet zu einem wohlkomponierten Satz von Variationen, wird dem Schöpfer in den Mund gelegt – als demjenigen, der dies Geheimnis weiß, aber einen Teufel tut, es den Sterblichen zu offenbaren. Er behält es hübsch für sich. Damit stößt er Hiob zurück – übrigens nicht ohne ihn immer wieder zu sticheln: »Ich will dich fragen, und du lehre mich«; »sag an, wenn du Bescheid weißt«; »du weißt es ja«.[43] Nirgends freilich hat Hiob solches Wissen je für sich beansprucht. Und warum wird ihm das trotzdem unterstellt? Weil er sich nicht an die elementare Rangordnung gehalten hat. Er rief Gott zum Zeugen für die eigene Gerechtigkeit herbei. Das aber stünde nur Wesen zu, die Gott so ebenbürtig sind, daß sie sein Schöpfungswissen teilen. Doch solche Wesen gibt es nicht. Selbst der gerechteste Sterbliche steht tief unter Gott. Es fehlt ihm dies Wissen. Er überhebt sich, wenn

43 Von einer »pädagogisch-seelsorgerlichen Absicht«, von »väterlich-freundlicher Überlegenheit« und »gütiger Ironie« (Maag, l. c., S. 120) kann nicht die Rede sein. Der jüdische Weltschöpfer ist kein evangelischer Pastor. Dennoch hatte Maag ein Ohr dafür, daß, verglichen mit der brachialen, später angehängten zweiten Gottesrede (40 + 41) die erste geradezu sublime Töne anschlägt. Siehe unten, S. 109 ff.

er Gott als Zeugen herbeizitiert, so sehr er auch recht haben mag. Er verhält sich, als wäre er ebenbürtig und hätte Einsicht in die Weltkonstitution. Damit aber ruft er Gott anders hervor als gewünscht – nicht als Zeugen, sondern als Schöpfer, der auch den rundum Gerechten auf seinen subalternen Platz als Geschöpf verweist und ihm sein Nichtwissen offenbart.

So ist die Rede Gottes hinten herum dann doch eine Stellungnahme zum Rechtsstreit zwischen Hiob und seinen Freunden. Sie schlichtet den Streit nicht. Sie stopft dem Kläger mit Gegenfragen das Maul, und dieser vermag nur noch eines zu sagen: »Siehe, ich bin zu gering, was soll ich dir antworten? / Ich lege die Hand auf meinen Mund.« (39,34) Kein Schuldgeständnis kommt über Hiobs Lippen, nur die knappe Anerkennung eines übermächtigen Rangunterschieds. Dann verstummt er. Kein Kniefall, kein Gebet, nur die auf den Mund gelegte Hand. Sie kann zweierlei bedeuten: Entsetzen und Staunen. Welches von beiden hier überwiegt, ist schwer zu sagen. Aber was für ein Kunstgriff, die Dichtung in der Schwebe zwischen ihnen enden zu lassen. Die Geste der Hand auf dem Mund wirkt wie ein Tableau, worin die ganze ungeheure innere Bewegung des Redeteils sowohl zusammengefaßt als auch stillgestellt wird. Viel spricht daher dafür, daß der Redeteil ursprünglich mit dieser Geste abschloß.[44]

44 Der folgende Vers »Einmal habe ich geredet und wiederhole es nicht, zweimal, und tue es nicht wieder« (39,35) klappt auf unplausible Weise nach. Hiob redet hier ja gar nicht »zweimal«. Das leere rhetorische Spiel mit »einmal« und »zweimal« antizipiert bereits die später

Und dann? Irgendetwas muß noch gefolgt sein: ein Nachspann, genauso wie die Dichtung schon einen Vorspann hatte, ehe sie ins Märchen eingefügt wurde. Von diesem Vorspann hat sich ein Teil erhalten: der Besuch und die Namen der drei Freunde. Freilich muß dem noch eine Mitteilung über den Anlaß für diesen Besuch vorangegangen sein: den tiefen Fall des Protagonisten. Nur dann kann man den Klageausbruch dieses Unglücklichen und das, was sich an ihn knüpft, überhaupt verstehen. Daß er in der Dichtung genauso hieß wie im Märchen, nämlich Hiob, ist übrigens nicht gesagt. Gut möglich, daß die Dichtung diesen Namen erst vom Märchen empfangen hat, als beide zusammengefügt wurden. Wird in der Dichtung der Protagonist doch namentlich so selten erwähnt, daß eine Namensauswechslung kein nennenswerter Aufwand war. Ohnehin sprechen die Redner einander nie namentlich an. Ihre Namen kommen immer nur in den schablonenhaften kurzen Einschüben vor, die jeweils die nächste Rede ankündigen: »Da erwiderte Eliphas von Theman und sprach ...« »Hiob antwortete und sprach ...« etc. So sind sowohl der Vorspann als auch die Einschübe kaum mehr als Anmoderationen. Sie schicken in knapper Prosa nur so viel voraus, wie nötig ist, um zu verstehen, was den Reigen der Reden in Gang brachte und wer ihn gerade fortsetzt. Wenn dem aber so ist, so kann der Nachspann schwerlich etwas anderes als eine

hinzugekommene zweite Gottesrede samt dem ihr folgenden Kotau Hiobs und weicht auf ihn hin die Geste der auf den Mund gelegten Hand schon einmal prospektiv auf. Siehe unten, S. 109.

Abmoderation gewesen sein. Was die Dichtung einfaßte, war ein in jeder Hinsicht prosaischer Rahmen: ohne Versmaß, ohne Aufführungsqualitäten, mit minimalem Eigengewicht – nur dazu da, die Sprachgewalt und Aufführungsqualität der Dichtung hervortreten zu lassen, in dieser dienenden Funktion allerdings hoch effizient.

Und der Inhalt der Abmoderation? Der läßt sich ähnlich erschließen wie der verlorene Anfang der Anmoderation. Zu tief steht die Hiobdichtung in der Tradition der altorientalischen Klageliteratur, als daß sie einen andern Ausgang als diese gehabt haben könnte. Auch an ihrem Ende muß sich das Geschick des Protagonisten zum Guten gewendet haben – womit die Gottesrede und Hiobs kurze Schlußantwort allerdings noch abgründiger werden. Jahwe stopft Hiob das Maul – und stellt ihn kurzerhand wieder her. Hiob wiederum hat sich nur als »zu gering« bezeichnet, nicht als schuldig. Seine Klage wird zurückgewiesen, ohne daß er Unrecht bekommt. Seine Selbstüberhebung wird bloßgestellt, aber zugleich als *ultima ratio* seiner Rechtschaffenheit wahrgenommen.

Und so vollzieht die Wiederherstellung Hiobs dann doch, was die Gottesrede verweigerte: eine Schlichtung, die mindestens so abgründig ist wie die in der *Orestie*. Dort ging der Protagonist nicht schuldlos von dannen, aber verschont. Andrerseits wurde er auch nicht einfach begnadigt. Zur Hälfte hatte er ja recht. Das Vaterrecht sprach ebenso vehement für ihn wie das Mutterrecht gegen ihn. Und doch war es schließlich eine gnädige Laune Athenes, daß er dem Mutterrecht entrann. Und in der Hiobdichtung? Da bleibt der Protagonist bis zum Schluß schuldlos; ja er bewährt seine Schuldlosigkeit gerade in ihrem äußersten Gegenteil: dem frevelhaften Aufbegehren. Er reklamiert die Gerechtigkeit, die gottgemäß wäre, gegen Gott – ganz so, wie es von Abraham und Mose erzählt worden war. In deren Fall »reute« es Gott; er kehrte um zu sich selbst – zurück in die Gottgemäßheit, oder, philosophisch gesprochen, in die Übereinstimmung mit seinem Begriff. Hiob allerdings ging noch einen Schritt weiter. Er reklamierte die gottgemäße Gerechtigkeit nicht flehend gegen Gott, sondern fordernd. Diese Forderung wurde zurückgewiesen: Wer bist du, daß du so etwas wagst? Was weißt du denn schon von der Weltkonstitution? Und dann – hintertreibt Gott seine eigenen Worte durch die Tat. Er stellt Hiob wieder her – und damit auch seine eigene Gerechtigkeit. Er kehrt um zu sich selbst, ohne es zuzugeben. Er vollzieht einen kaschierten Reueakt, keinen Gnadenakt. Zwar kann ihn, den Allmächtigen, niemand dazu zwingen, wie niemand verhindern konnte, daß er Hiob ins Unglück geraten ließ. Dennoch erfolgt Hiobs Wiederherstellung nicht, *obwohl* er schuldig ist, sondern *weil* er unschuldig ist.

So unterschiedlich Hiobdichtung und -märchen auch sind: Beide kreisen um die verheimlichte Umkehr Gottes. Wenn sie aber der Nerv ist, der dem Märchen gezogen werden mußte, dann konnte die Dichtung die entstandene Lücke mit ihrer eigenen Version dieser Umkehr geradezu kongenial füllen. Ihr Angelpunkt war nicht der des Märchens – und dennoch hoch geeignet, ihn ebenso unkenntlich zu machen wie zu ersetzen. Unversehens hatte diese Überlagerung noch einen weiteren Effekt, der weder vom Märchen noch von der Dichtung vorgesehen war. Indem die drei Freunde zu »Versuchern« von Hiobs Frömmigkeit werden, gewinnen sie das Ansehen, als würden sie die vakant gewordene Stelle des sang- und klanglos verschwundenen Satans vertreten. Obwohl besagte Frömmigkeit sich in beiden Texten ganz gegensätzlich darstellt, entsteht so der Schein einer gewissen Kontinuität, zumal die Dichtung eines Rahmens bedarf. Ohne ihn hätte sie keine Konsistenz. Aber warum sollte sie für immer von ihrem angestammten kargen Minimalrahmen umgeben sein? Die Notoperation verschaffte ihr einen neuen und opulenteren Rahmen: das Märchen. Aus der Kunstszene wissen wir, was geschieht, wenn reiche Sammler ein frisch erworbenes teures Bild zu voluminös rahmen lassen: Das Eigengewicht des Rahmens stört das Bild, das Bild beeinträchtigt den Rahmen. Bei Hiobdichtung und -märchen ist es ähnlich. Sie wurden durch Neurahmung einander zugehörig und hören seither nicht auf, einander zu irritieren.

Die Abmoderation

Ob das Märchen oder die Dichtung der ältere Text ist, wissen wir nicht. Nicht ausgeschlossen, daß der Märchenautor die vom Dichter aufgegriffene orientalische Klageliteratur ebenfalls gut kannte und sich auf ihr *Happy end* nur seinen sehr eigenen Reim machte. Vielleicht kannten sich Märchenautor und Dichter persönlich, vielleicht schätzten sie einander, vielleicht wetteiferten beide darum, wie die überkommene Klageliteratur am besten auf das Niveau des jüdischen Monotheismus zu heben sei. Nur fehlen uns jegliche historische Belege dafür. Zumindest müssen beide einem (demselben?) bemerkenswert freigeistigen Milieu angehört haben. Ihre Texte dürften etwa gleichzeitig umgelaufen sein und haben offenkundig trotz (oder wegen?) ihrer Anstößigkeit fasziniert – zumindest in maßgeblichen nicht-kultischen Kreisen. Beide sind nämlich nicht im sakralen Raum zu Hause. Märchen haben sich, wie oben gezeigt, ihren eigenen profanen Erzählraum selbst erst eröffnen müssen. Auch ein profaner Ritualraum hat sich erst allmählich gebildet, am markantesten im griechischen Kulturkreis in Gestalt des Theaters. Theaterhandlungen sind einstudierte rituelle Verläufe, die im Kontext sakraler Feste entstehen, aber sie sind selbst keine Kulthandlungen mehr. Und Theater muß nicht immer sogleich seine griechische Hochform annehmen: Satyrspiel, Tragödie, Komödie. Theater beginnt, wo Reden und Gegenreden sich zu einem Handlungsablauf fügen. Dies Kriterium erfüllt der Redereigen der Hiobdichtung allemal. Wir wissen zwar nicht, ob er jemals aufgeführt wurde, aber daß er hohe theatralische Qualität hat, leidet keinen Zweifel. Als spezifisch jüdische Synthese orientalischer Klage- und griechischer Theaterliteratur ist er ein singuläres Gebilde. In seiner Umgebung muß es Leute gegeben haben, die dafür hoch empfänglich waren. Die Dichtung dürfte ebenso eine Fangemeinde gehabt haben wie das Märchen.

Wüßten wir doch, wer der kluge Kopf war, der beide durch eine Notoperation zusammenfügte. Daß es der Märchenautor nicht gewesen sein kann, wurde gezeigt. Daß es der Dichter war, ist nicht ausgeschlossen, aber sehr unwahrscheinlich. Er hatte ein integrales Gebilde gestaltet und genausowenig Anlaß wie der Märchenautor, daran nachträglich herumzuschnippeln. Allenfalls auf priesterlichen Druck und in der Hoffnung, daß seine Komposition dabei nicht viel einbüßen würde, könnte er sich darauf eingelassen haben. Viel plausibler ist jedoch, daß hier ein Dritter, ein »Redaktor« mit vergleichsweise neutralem Blick behutsam ans Werk ging. Aus dem Märchen mußte er nur die wenigen Verse herausoperieren, die den Nerv enthielten. Wenn er in dieser Lücke dann die Dichtung verankerte, mußte er lediglich an ihren Rändern hantieren: etwa den Anfang des Vorspanns wegnehmen, ehe die drei Freunde auftauchen, und den Anfang des Nachspanns, in dem sie nicht fehlen konnten, umarbeiten.

Wie oben gezeigt, hat er nicht gewagt, den Zorn Jahwes, der im Märchen die Wende bringt, vollständig zu löschen. Er leitete ihn auf die drei Freunde um, die im Märchen gar nicht vorkommen – mittels der Notbehauptung, sie hätten über (oder zu?) Jahwe nicht »recht« gesprochen wie Hiob. Und wie löste er Jahwes Zorn wieder auf, der sich im Märchen am Satan abreagierte? Durch eine weitere Anleihe ans Märchen. Dort pflegte Hiob im voraus für seine Kinder zu opfern, ohne zu wissen, ob sie etwas zu Sühnendes begangen hatten. Nun sollen, laut Redaktor, die Freunde ein Großopfer darbringen, ohne daß irgend klar wäre, worin ihre Verfehlung bestand. »Und nun nehmet sieben Stiere und sieben Widder und geht zu meinem Knecht Hiob, und bringt ein Brandopfer für euch dar, und mein Knecht Hiob mag für euch bitten; nur seine Fürbitte werde ich annehmen« (42,8). So kann die Abmoderation der Dichtung allerdings schwerlich begonnen haben. Die drei Freunde müssen darin zwar vorgekommen sein, und alles deutet darauf hin, daß sie durch Hiobs plötzliche Wiederherstellung beschämt werden und ihm Abbitte leisten. Daß hingegen *er* für sie Fürbitte leisten muß, und zwar noch »in der Asche«, ehe sein Geschick sich wendet – das entbehrt jeder Plausibilität und beruht schlicht darauf, daß der Redaktor den Zorn Jahwes, vor dem er einen mythischen Respekt behalten hatte, nicht anders als durch ein Opferszenario verrauchen zu lassen wußte. Daher die Verknüpfung der drei Freunde aus der Dichtung mit dem Opfermotiv aus dem Märchen. In der Überleitung zum Märchenschluß hat der Redaktor dann noch ein anderes Stück des ursprünglichen Dichtungsnachspanns untergebracht: daß nach Hiobs Wiederherstellung »alle seine Brüder und Schwestern und alle seine Bekannten« kommen, mit ihm essen und ihn beschenken (42,11). Warum taucht auf einmal dieser Personenkreis hier auf, den das Märchen doch gar nicht braucht? Offenbar deshalb, weil er zum weggeschnittenen Anfang des Dichtungsvorspanns gehörte und nun wiederkehrt, nur unter umgekehrtem Vorzeichen: Die Verwandten und Bekannten, die sich Hiob jetzt zuwenden, hatten sich bei seinem Sturz ins Unglück von ihm abgewandt. Deutlich sieht man die Maxime des Redaktors: So wenig von Märchen und Dichtung wegschneiden wie möglich, und auf kürzestem Wege zurück zum Märchen, dessen Schlußpassage mit den Worten »Und Jahwe segnete das Ende Hiobs mehr als seinen Anfang« (42,12) beginnt.

Es läßt sich ziemlich genau rekonstruieren, wie der Redaktor bei seiner Operation verfuhr. Und ehe diverse Nachoperationen in den Blick kommen, die sich später noch anschlossen, empfiehlt es sich, einen Moment bei diesem ersten Eingriff zu verweilen. Gemeinhin gilt Hiobs Eröffnungsrede, seine gewaltige Klage samt Verfluchung des Tags seiner Geburt, als der Primärskandal, den der weitere Verlauf des Buches Hiob zu bewältigen versucht. Doch es ist eher umgekehrt. Die Skandalrede ist in gewisser Hinsicht bereits ein Beschwichtigungsmittel. Sie sucht einen anderen, tiefer liegenden Skandal zuzudecken, der in den schlichten, unaufgeregten Worten des Satans an Jahwe steckt: ›Offenbare Hiob doch, was wir über ihn verhandelt haben‹. Dieser Vorschlag hat wie nichts zuvor den jüdischen Monotheismus kompromittiert. Der Gott, der sich auf den Satan eingelassen hat, darf nicht zulassen, daß das offenbar wird. Nun erfährt zwar weder der Hiob des Märchens noch der der Dichtung vom Handel zwischen Gott und Satan, doch im Märchen erfahren die Leser/Hörer davon. Sie werden eingeweiht in das, was nicht offenbar werden darf.

Für die Dichtung hingegen existiert dieser Handel überhaupt nicht. Sie läßt ihren Protagonisten zwar ungeheure Klagen erheben und sogar die Korrektur der

Schöpfung verlangen. Aber ein gemeines Komplott mit dem Satan – das traut der auf einen hohen poetisch-theatralischen Ton gestimmte Dichter seinem Gott dann doch nicht zu. Er läßt ihn am Schluß zwar eine heimliche, uneingestandene Umkehr vollziehen: nur durch die Tat und gegen das eigene Wort. Aber dabei kehrt dieser Gott aus der über allem Recht stehenden höheren Sphäre des Schöpfungswissens in die ihm gemäße Gerechtigkeit zurück, die Hiob für ihn vertreten hat. Im Märchen hingegen besteht die Umkehr darin, daß Jahwe sich klammheimlich und zornentbrannt aus einem unter allem Recht stehenden miesen Handel in eine ihm gemäße Position zurückbewegt und den Satan für alles verantwortlich macht. Zweierlei heimliche Umkehr, aber was für ein Niveauunterschied! Ebenso zweierlei Offenbarung. In der Dichtung offenbart sich Gott höchstselbst, wenn auch nur, um zu zeigen, daß an sein Schöpfungswissen keine menschliche Fassungskraft heranreicht. Im Märchen läßt Gott es überhaupt nicht zur Offenbarung kommen, weil sie seine Bloßstellung wäre. Das aber wird den Lesern/Hörern verraten. Beide Male wird offenbar, daß Gott seine Offenbarung vorenthält; das eine Mal, weil sie zu hoch für Hiob, das andere Mal, weil sie zu niedrig für ihn wäre.

Kein Zweifel: Der primäre, tiefere Skandal des Buches Hiob steckt im Märchen. Die Skandalrede, mit der die Dichtung aufmacht, ist schon ein Sekundärskandal. Der Schrei des Protagonisten nach Gerechtigkeit überschreit zugleich den Skandal des Märchens. Er ist ein Ablenkungsmanöver. Es hat durchschlagend gewirkt.

Niemand hat sich mehr um den Primärskandal gekümmert. Er war wie weggeblasen. Dank dieser Ablenkung hat das Märchen überlebt. Maßgebliche Kräfte waren bereit, für seinen Erhalt hohen Aufwand zu betreiben. Der Redaktor – der Primäroperateur – hat dafür immerhin die Selbständigkeit der Dichtung aufgeopfert. Zwar mußte er ihr nur kleine Stückchen vom Rand wegschneiden, um sie dem Märchen einzupassen, während das Stückchen, das er aus dem Märchen herausschnitt, dessen Nerv war. Insofern griff er ins Märchen ungleich tiefer ein, erhielt ihm dabei aber auch seine Eigenständigkeit. Der Plot des gesamten Buches Hiob ist der des Märchens. Die Dichtung hingegen konnte ohne die weggeschnittenen Marginalien nicht mehr auf eigenen Füßen stehen. Sie, der Riese, wurde dem vergleichsweise zwergenhaften Märchen eingefügt, nicht umgekehrt. Dadurch passierten beide zusammen die theologische Zensur und blieben der Nachwelt erhalten.

Die Kanonisierungskosten

Erhalten bleiben ist eines; in den Rang eines heiligen Textes aufsteigen ist ein anderes. Am Buch Hiob erstaunt beides gleichermaßen: daß das Märchen nicht sogleich eingezogen und vernichtet wurde, sondern in verstümmelter, mit der Dichtung verkuppelter Form überlebte; und daß diesem Formungetüm dann auch noch der Eingang in den *Tanach*, den biblischen Kanon des Judentums gelang. Zwischen diesen zwei wundersamen Begebenheiten lag freilich einige Zeit. Wenn ein Text den Rang einer heiligen Schrift bekommen sollte, so mußte er in der Kultgemeinde fest verankert sein und die Aura des Altehrwürdigen gewonnen haben. Das ging nicht über Nacht. Und beim Hiobkonvolut kam noch etwas hinzu: Es war einer der jüngsten Texte, die für den Tanach in Frage kamen. Wenn es stimmt, daß das Märchen den Satan bereits als Widersacher Jahwes voraussetzt und erzählt, wie er dazu geworden ist, dann ist es aus frühapokalyptischer Mentalität heraus entstanden und womöglich erst um die Wende zum ersten vorchristlichen Jahrhundert verfaßt worden. Dann aber wären bis zur Aufnahme des Hiobbuches in den Kanon um 100 n. Chr. lediglich zwei Jahrhunderte verflossen – wahrlich nicht viel Zeit für das Heiligwerden eines Textes, zumal eines so skandalträchtigen, dessen ursprünglicher Ort nicht der Kult war.

Gleichwohl muß die Simulation seiner Herkunft aus ferner Erzväter- und Patriarchenzeit so glaubwürdig und seine Sprachgewalt so eindrücklich gewesen sein, daß seine Bewunderer schon bald Mose als Autor für ihn ins Spiel brachten. Damit war seine Heiligung eingeleitet – und nur eine Frage der Zeit, daß der Wunsch, den Text zu kanonisieren, laut geäußert wurde. Er muß mächtige Befürworter gehabt haben. Man vergesse allerdings nicht, daß das Leute waren, die eineinhalb bis zwei Jahrhunderte nach der Abfassung des Märchens lebten. Weder kannten sie mehr dessen Autor noch dürften sie von der Neurahmung der Dichtung durch das verstümmelte Märchen irgendetwas erfahren haben. Sie hatten lediglich das Resultat davon vorliegen und nahmen darin einen Monotheismus wahr, der dank seiner Berührung mit seinem Gegenpol, dem Satan und dem Leiden ohne ersichtliche Ursache, eine neue Lebendigkeit ausstrahlte und ungleich freier atmete als der äquivalenztheoretisch verknöcherte.

Allerdings hatte der Text auch erbitterte Gegner. Wenn er also dennoch in den Kanon sollte, dann war er entsprechend dafür zu präparieren. Jene erste Operation, die unser kluger Redaktor einst vorgenommen hatte, war längst vergessen und erwies sich in der neuen Konfliktkonstellation als ungenügend. Es mußte nachoperiert werden. Ob das auf Veranlassung einer theologischen Autorität geschah oder in vorauseilendem Entgegenkommen, ob durch *einen* Operateur oder durch mehrere, ob zu *einem* Zeitpunkt oder in Etappen: das läßt sich nicht mehr ausmachen. Klar ist aber, daß die nachträglichen Eingriffe im wesentlichen Hinzufügungen waren, und zwar nicht zum Märchen, dem der Stachel ja erfolgreich gezogen war, sondern ausschließlich zur Dichtung. Hiobs aufmüpfige Klagen waren für viele fromme Ohren unerträglich geblieben.

Es sind vor allem zwei große Hinzufügungen, die auffallen. Zum einen die Reden Elihus, der unversehens aus dem Off auftaucht und nach seinem Auftritt spurlos wieder verschwindet. Sein »Zorn ist entbrannt« – eine deutliche Anlehnung an Jahwes Zorn gegen die Freunde Hiobs. Denen ist auch Elihu gram, weil sie auf Hiobs Klagen angeblich »keine Antwort fanden und Gott ins Unrecht setzten«. Vor allem aber zürnt er Hiob, weil dieser »sich selbst für gerechter hielt als Gott« (32,2).

Ihn will er lehren, was die andern nicht vermochten: gottgefällige Demut. Dabei bläst er sich zu einem trotz seiner Jugend besonders weisen Mann auf und schwingt selbstgefällige, weitschweifige Reden, in denen nur eine wirklich nennenswerte Pointe vorkommt. »**32**,15. Im Traum, im Nachtgesichte, / wenn auf Menschen Tiefschlaf fällt, / im Schlummer auf dem Lager, 16. da öffnet Gott das Ohr der Menschen / und erschreckt sie durch seine Verwarnung, 17. den Menschen abzubringen vom Unrecht / und den Hochmut aus dem Manne zu tilgen, 18. seine Seele vor der Grube zu bewahren / und sein Leben vor dem Gang zum Totenreich. 19. Auch wird er gemahnt durch Schmerz auf seinem Lager, / wenn der Kampf in seinem Gebein gewaltig tobt.« Träume und Schmerzen werden hier derselben Kategorie zugerechnet: den Warnzeichen. Wenn ein Mensch sich durch sie warnen läßt und zudem »ein Mittler« (33,23) für ihn spricht, »so schwillt sein Fleisch von Jugendkraft, / er kehrt zurück zu den Tagen seiner Jugend« (33,25). So werde es auch Hiob ergehen; er müsse nur lernen, sein Leiden als göttliche Warnung hinzunehmen.

Wo Leiden, da Schuld, lautete das Mantra der drei Freunde. Elihu eröffnet noch eine andere Möglichkeit: Leiden als Warnung, also nicht als Äquivalent für begangenes Unrecht, sondern als Präventivmaßnahme, damit erst gar nichts Unrechtes begangen wird. Wer der erwähnte »Mittler« sein soll, in dem spätere christliche Leser vorzugsweise ihren Heiland erblickten, bleibt rätselhaft. Gott aber wird als vorausschauender, vorbeugender Erzieher vorgestellt. Das heißt freilich: Ob als Strafe, ob als Warnung – Leiden ist immer heilsam, folglich auch immer willig hinzunehmen. Sich gegen es empören heißt freveln. Ob Hiob sein Leiden verdient hatte oder nicht – in dem Moment, wo er in Klage darüber ausbricht, wird er schuldig und verdient es sich nachträglich. Wer es hingegen genauso als Warnzeichen hinnimmt wie einen schlimmen Traum, der steht es durch und wird durch Mithilfe eines Mittlers am Ende davon befreit.

Damit erweist sich Elihu genauso als Äquivalenzmechaniker wie die drei Freunde, über die er sich in seiner großen Weisheit erhaben dünkte. Alles wird gut, wenn du deine Klage unterläßt, ist seine magere Botschaft. Gegen Ende unterfüttert er sie angelegentlich mit Schöpfungswundern. »Gott donnert wunderbar mit seiner Stimme, / tut große Dinge, die wir nicht verstehen.« (37,3) Die Herkunft von Blitz und Donner, Hagel und Eis, Licht und Wolken etc. – alles, was Hiob in der Antwort Gottes aus dem Wetter in Frageform vorgelegt wurde, wird hier nun in Form von höheren Gewißheiten vorgetragen und mündet in einer hölzernen Anleihe an die große Vision Ezechiels (Ez 1,4 ff.) vom gewaltigen Heranrauschen Gottes: »37,22. Vom Norden her kommt heller Glanz; / von hehrer Majestät ist Gott umflossen, 23. ihn selbst, den Allmächtigen, finden wir nicht. / Groß an Kraft und reich an Gerechtigkeit, / wird er das Recht nicht beugen. 24. Darum sollen ihn die Menschen fürchten; / alle, die sich weise dünken, sieht er nicht an.« Das sagt der, der sich zuvor brüstete: »Mein Herz strömt über von Worten der Einsicht, / Lauteres reden meine Lippen.« (33,3) Man ist versucht, in der Elihuepisode einen satyrspielähnlichen Abgesang der ursprünglichen Hiobdichtung wahrzunehmen, worin ein Großmaul zu schaffen vorgibt, was die anderen nicht vermochten, und sich dabei verhebt. Doch dazu haben diese Reden zu wenig Witz. Ihr Protagonist wird viel zu holprig eingeführt. Zudem hat er in der genau abgezirkelten Zahl der Reden und Gegenreden gar keinen Ort, und sein sang- und klangloses Verschwinden widerspricht allen dramaturgischen Standards der Dichtung.

Nein, die Elihureden sind nachträglich hinzugefügt, kommen bierernst daher und wollen es Hiob noch einmal so richtig zeigen. Er soll im Streit mit den Freunden nicht das letzte Wort haben, sondern schon definitiv ins Unrecht gesetzt sein und als eindeutig getadelt dastehen, ehe über ihn die Worte Gottes ergehen, denen es an eindeutigem Tadel ja gerade fehlt. Mit andern Worten: Es muß einflußreiche – gebildete, aber strenge – priesterliche (oder rabbinische?) Kreise gegeben haben, denen Hiobs Klage trotz des märchenhaften *Happy end* immer noch zu schrill klang, und die verlangten, daß ihr noch ein mächtiger finaler Dämpfer aufgesetzt werde, wenn sie denn als Bestandteil einer kanonischen Schrift durchgehen sollte.

Die gleiche Dämpferfunktion hat die zweite, nachträglich hinzugefügte Gottesrede. Die Hiobdichtung brauchte nur *eine*. Es war die längste Rede, die Jahwe bis anhin in den Mund gelegt worden war. Hiob erklärt sich danach als »zu gering« für eine Antwort und legt seine Hand auf den Mund. Das war ein großer Schluß. Und dann – hält Jahwe in dem uns überlieferten Hiobbuch noch einmal eine ähnlich lange Rede. Warum? Weil Hiob für das Empfinden besagter strenger Kreise noch nicht genügend niedergeredet war. Die erste Gottesrede ging mit keinem expliziten Wort auf Hiobs Gerechtigkeitsverlangen ein. Stattdessen fragte sie Schöpfungswissen ab. Der Kandidat konnte zwar nicht *eine* Prüfungsfrage beantworten, aber damit war er nur als unwissend entlarvt. Das reichte nicht. Er mußte auch noch ins Unrecht gesetzt werden. Das holt die zweite Rede nach. »**40**,3. Willst du gar mein Recht vernichten, / mir Unrecht geben, daß du Recht behaltest? 4. Ist denn dein Arm dem Arme Gottes gleich? / Hast du wie er des Donners Stimme? 5. Schmücke dich doch mit Majestät und Hoheit, / umkleide dich mit Herrlichkeit und Pracht! 6. Laß sich ergießen die Fluten deines Zorns / und erniedrige jeden Stolzen mit deinem Blick! 7. Mit deinem Blick demütige jeden Hohen / und zertritt die Gottlosen auf der Stelle! 8. Verscharre sie im Staube allzumal, / banne ihr Angesicht an verborgenen Ort! 9. Alsdann will ich dich preisen, / daß deine Rechte dir Sieg verleiht.«

Diese Worte richten sich an einen, der aller Habe beraubt aussätzig in der Asche sitzt. Geht es höhnischer? Jahwe repräsentiert hier genau das Recht des Stärkeren, über das Hiob sich so bitter beklagt hatte: »**9**,19. Gilt es die Kraft eines Starken: siehe, da ist er; / gilt es das Recht: wer will ihn vorladen? 20. Hätte ich auch Recht, sein Mund gäbe mir Unrecht / und spräche mich schuldig, wäre ich gleich schuldlos.« Ja, so läuft es, ist nun die schamlose Auskunft. Recht hat, wer mit Majestät und Hoheit, Herrlichkeit und Pracht umgeben ist. Schwache und Elende haben kein Recht. Nieder mit Hiobs Klage. Und dann kreist die ganze weitere Rede nur noch um zwei Naturwunder der Stärke, gegen die Hiob ein Nichts ist: den Behemoth und den Leviathan, die mit »Nilpferd« und »Krokodil« nur unzureichend übersetzt sind, weil sie, der eine als Inbegriff des Riesentiers, der andere als Chaosdrache, mythische Allegorien der Naturgewalt darstellen. »Kannst du den Leviathan an der Angel ziehen / und mit dem Stricke seine Zunge niederdrücken?« (40,20) »Auf Erden ist nicht seinesgleichen; / er ist gemacht, nie zu erschrecken. / Alles, was hoch ist, fürchtet sich vor ihm; / er ist ein König über alle stolzen Tiere.« (41,24 f.)

Die erste Gottesrede hatte Jahwe mit unergründlicher Weisheit geschmückt. Die zweite schmückt ihn mit brachialer Gewalt. Sie kommt daher, als brächte sie, was die erste ausdrücklich vorenthielt: die letztgültige, vorbehaltlose Offenbarung, der kein Sterblicher standhält, weshalb Hiob gar nicht anders kann als einzuknikken. »Ich habe erkannt, daß du alles vermagst; / nichts, was du sinnst, ist dir verwehrt.« (42,2) »Vom Hörensagen hatte ich von dir gehört; / nun aber hat dich mein Auge gesehen. / Darum widerrufe ich und bereue / in Staub und Asche.« (42,5 f.) Das sind die Ergebungsworte, die Hiobs erster Antwort fehlten, Worte, die gewisse Theologenohren unbedingt hören mußten, wenn denn das Hiobbuch Eingang in den Tanach finden sollte. Der vollständige Widerruf der Klage, die vorbehaltlose Reue: erst diese Genugtuung für das, was Hiobs »metaphysische Revolte« dem Monotheismus zugemutet hatte, öffnete den Weg in den Kanon. Wir wissen zwar weder, wer die Elihureden und die zweite Gottesrede samt Hiobs Antwort beauftragt hat, noch, ob sie vom selben Autor sind; aber sie entstammen derselben theologischen Mentalität. Sie sind die Hauptposten des Tributs, den die Kanonisierung des Hiobbuches gekostet hat.

Es gibt noch einen dritten größeren Posten: Hiobs sogenannte Weisheitsrede. Sie steht ersichtlich deplaziert. Gerade eben hat Hiob den Schlagabtausch mit den Freunden durch einen markanten Schlußsatz beendet: »bis ich verscheide, beharre ich auf meiner Unschuld« (27,5). Und dann redet er lang und breit weiter, als hätte er Kreide gefressen, wird weitläufig über die Vergänglichkeit irdischer Macht und Ehre, über die Schätze der Erde, über die Unerkennbarkeit Gottes, über sein persönliches Wohlergehen vor seinem Sturz ins Unglück, über all die Gebote, die er als frommer Mann stets befolgt hatte (27,6–31,40) – in einem gott- und selbstgefälligen Ton, der die direkt darauf folgenden Reden Elihus regelrecht antichambriert.

Damit nicht genug. In der Phase ihrer Abdämpfung ist die Hiobdichtung eine ganze Baustelle gewesen. Der schmeichelhafte Auftrag, dieser großen Dichtung zum Zwecke ihrer definitiven Heiligung ganze Passagen hinzuzudichten, hat den (oder die?) Schreiber natürlich ermuntert, es nicht bei den Großdämpfern zu belassen, sondern immer wieder auch kleine Dämpfer in den schon vorliegenden Dichtungstext einzufügen. Von letzterem lassen sich nicht alle Zusätze mehr trennscharf unterscheiden, zumal ehrgeizige Schreiber, wenn sie Eigenes in einen zu kopierenden Text einschmuggelten, bemüht waren, dessen literarisches Niveau zu imitieren. Oft ist das nicht gelungen. Wenn in der ersten Gottesrede, deren Ärgernis ja darin bestand, stechende Fragen zur Weltkonstitution aneinanderzureihen, der Fragemodus durch Redseligkeiten über das Ergehen der Gottlosen oder das Verhalten von Ziegen, Wildeseln und Adlern unterbrochen wird, so darf man ziemlich sicher sein, daß hier eine das Ärgernis dämpfende Hand nachträglich eingegriffen hat – wie bei allen Versen und Halbversen, die Hiobs schrille Klagen gedämpfter klingen lassen. Aber wo das Original endet und der Zusatz beginnt – das ist in vielen Detailfällen nicht mehr genau feststellbar. Dennoch hat das biblische Buch Hiob nur dank entstellender Eingriffe überlebt. Der erste und entscheidende war die Notoperation, die Märchen und Dichtung zusammenfügte und jenen Grundbestand herstellte, der abzüglich kleiner Einschübe und Zusätze die Kapitel 1,1–27,5; 38 + 39; 42,7–17 umfaßt haben dürfte. Es gab keinerlei ersichtlichen Anlaß, an diesem Grundbestand sogleich weiter herumzuoperieren. Etwa zwei Jahrhunderte dürfte er sich nahezu unbehelligt gehalten haben – vielleicht nur im Dunstkreis des Jerusalemer Tempels, vielleicht auch in andern Lehrhäusern, aber gewiß in Räumen, wo es Offenheit für orientalische und griechische Einflüsse und ein Sensorium für erstrangige Literatur gab.

Die Zerstörung des Tempels durch die Römer im Jahre 70 n. Chr. hat auch dieser Offenheit einen tiefen Stoß versetzt. Ein zweites Mal verlor das jüdische Gemeinwesen sein kultisches Zentrum und seinen politischen Zusammenhalt. Ein zweites Mal blieben ihm stattdessen nur die Rollen seiner heiligen Schriften. Um so wichtiger wurde die Frage, welche Schriften definitiven Heiligkeitsstatus haben sollten, und um so heftiger dürfte um Grenzfälle gestritten worden sein, von denen der Grundbestand des Hiobbuches gewiß ein besonders brisanter war. Er mußte, um in den Kanon zu gelangen, eine ganze Serie von Eingriffen über sich ergehen lassen, die das Textquantum viel stärker veränderten als die Primäroperation. Bei der waren ja bloß wenige Verse herausgeschnitten und die Lücken durch redaktionelle Füllsel und Nähte weitgehend unkenntlich gemacht worden. Die Sekundärbearbeitung hingegen fügte der Dichtung etwa zwölf Kapitel hinzu und weichte ihre Kontur, namentlich im Schlußteil, stellenweise auf. An der bizarren Grundstruktur, die Märchen und Dichtung seit ihrer Zusammenfügung bilden, rüttelte sie allerdings nicht. Auch hat sie die Klage der Hiobdichtung lediglich gedämpft, nicht erstickt. Und die Dämpfungen haben ermöglicht, daß das ganze Buch Hiob, versetzt in den Rang eines heiligen Textes, nicht nur zweihundert, sondern zweitausend Jahre überdauern konnte.

Und doch ist diese Klage, die der Dichtung angehört, nur die Sekundärschicht. Der tiefste Stachel steckte im Märchen. Dort fiel auch das Wort, das den ersten großen Äquivalenzdiskurs in Gang brachte: umsonst (*hinnam*). »Ist Hiob umsonst gottesfürchtig?« war die so unscheinbar daherkommende Frage des Satans. Und die Antwort, die das unverstümmelte Märchen einst darauf gegeben hat, ist *ja*. Es hat Hiob nichts genützt, gottesfürchtig zu sein. Das Leiden überkam ihn trotzdem. Auch seine Wiederherstellung fand nicht wegen seiner Gottesfurcht statt, sondern weil der Test, dem sie unterzogen worden war, vorzeitig abgebrochen wurde. Der Test selbst war ebenfalls umsonst, weil er den Beweis, um dessentwillen er veranstaltet wurde, nicht erbrachte. Ferner war Hiobs Wiederherstellung auch insofern umsonst, als sie denjenigen, der sie bewirkte, nichts kostete, und die menschlichen Verluste, die sie kompensierte, nicht rückgängig machte. Schließlich war des Satans Einlassung umsonst. Daß sie Jahwe nicht nur »verleitete«, sondern auch zur Umkehr bewegte, wurde ihm nicht gedankt. Er wurde dafür verstoßen.

Auf knappstem Raum und mit größter Lakonie hat das Hiobmärchen einen Monotheismus *ad absurdum* geführt, für den nichts in der Welt umsonst ist, vielmehr alles einen Grund, eine Entsprechung, ein Äquivalent hat, auch wenn nicht offen zutage liegt, worin die Äquivalenz besteht. An diesem Äquivalenzgedanken hatte sich das Judentum im babylonischen Exil festgehalten.

Das Desaster geschieht uns recht. Es entspricht unsern Missetaten. Jahwe straft uns damit. Und indem er das tut und dafür gar Weltmächte in Dienst nimmt, bleibt er uns treu und bekundet, daß er nicht nur unser Volksgott ist, sondern Weltgott: der einzig existierende, der Schöpfer aller Dinge. In diesem Glauben rettete sich das Judentum über das Exil hinweg – und landete in einer Sackgasse. Eine Welt, die durch einen allmächtigen Schöpfergott permanent im Lot gehalten wird, so daß in ihr stets alles mit rechten Dingen zugeht, eine Entsprechung, ein Äquivalent hat: ist die glaubwürdig? Das Hiobmärchen sagt *nein*. Statt den Äquivalenzgedanken monotheistisch hochzurechnen, wie es Gemeinwesen gern tun, die ständig damit beschäftigt sind, irgendetwas zu begleichen, zu belohnen oder zu bestrafen, macht es mit einfachsten Mitteln anschaulich, daß die ersten und letzten Dinge des Daseins gerade *kein* Äquivalent haben. Es erzählt von ihnen so schlicht und doch so abgründig, daß nirgends ein angemessener Grund, eine einsichtige Entsprechung für sie greifbar wird. Daß es Hiob anfangs so unverschämt gut geht, daß Jahwe mit Hiob prahlt, sich auf einen Test einläßt und am Ende alles schöner denn je wird – das alles ist *hinnam*: ohne Äquivalent.

Das macht einerseits schwindlig. Wenn kein Gott die Welt im Lot hält, brechen dann nicht sofort die Grundfragen auf, die Nietzsche jenen »tollen Menschen« stellen läßt, der am »Tod Gottes« wahnsinnig geworden ist: »Wohin bewegen wir uns? Fort von allen Sonnen? Stürzen wir nicht fortwährend? Und rückwärts, seitwärts, vorwärts, nach allen Seiten? Giebt es noch ein Oben und ein Unten? Irren wir nicht wie durch ein unendliches Nichts? Haucht uns nicht der leere Raum an?«[45] Und doch enthalten diese schwindelerregenden Fragen auch eine Gegenanzeige. Wenn etwas rundum beglückend und schön wirkt (was selten genug geschieht), dann deshalb, weil es keinen zureichenden Grund, kein vollständiges Äquivalent hat, weil es nicht nur geplant, verursacht, erarbeitet, sondern immer auch durch eine Gunst der Umstände geschenkt ist. Der Überschuß des Geschenkten *ist umsonst* und gerade deshalb die Würze in aller Glückserfahrung; allerdings auch der Bitterstoff darin, der daran gemahnt, daß sie bloß der Vorgeschmack einer Glückseligkeit ist, die Sterblichen vorenthalten bleibt. Und so berühren sich in dem hebräischen Wörtchen *hinnam* die Extreme. Umsonst ist das Vergebliche, aber auch das Beglückende. Die vollendete Glückseligkeit wäre der vollendet sinnlose Zustand. Sinn haben Dinge, Zustände, Erlebnisse, Handlungen nur, solange sie auf ein gutes, beseligendes Ende verweisen. Dies Ende selbst aber würde auf gar nichts verweisen. Es hätte keinen Sinn, sondern wäre dasjenige, worauf aller Sinn lediglich hindeutet.

Hiob litt umsonst. Sowohl im Märchen wie in der Dichtung hat sein Leiden kein Äquivalent. Das Beharren darauf eint Märchen und Dichtung über all ihre Unvereinbarkeiten hinweg und macht ihre gemeinsame verneinende Kraft aus, die durch alle nachträglichen Abdämpfungen hindurch vernehmbar geblieben ist und

45 Friedrich Nietzsche, *Die fröhliche Wissenschaft*, KSA 3, l. c., S. 481

den Monotheismus bereits an seinem Muttermal getroffen hat, ehe er seine christliche und islamische Gestalt gewann und in ihr seinen globalen Siegeszug antrat. Dies Muttermal ist die Behauptung, daß schlechterdings alles, was geschieht, seinen Grund, seine Entsprechung, sein Äquivalent in dem unerforschlichen Ratschluß des einzigen Gottes habe; daß Menschen das zwar nicht ergründen können; daß es aber trotzdem so sei. Mit diesem durch nichts gedeckten Behauptungsüberschuß kam der Monotheismus bereits zur Welt: behaftet mit einem Äquivalenzschema, das er nie wieder losgeworden ist, auch wenn es ihm gelegentlich so unbehaglich wurde, daß er es in der unergründlichen Tiefe Gottes bis zur Unkenntlichkeit zu versenken suchte. Ein Gott, der die Welt geschaffen hat, zusammenhält und auf ein gutes Ende hinlenkt, kommt gar nicht umhin, Äquivalenz zu verkörpern. Selbst seine Barmherzigkeit und Gnade müssen *nolens volens* von da her gedacht werden. Sobald sie aber als Trabanten einer höheren göttlichen Äquivalenz daherkommen, sind sie ähnlich fade wie das *Happy end* im Hiobmärchen. Sie verlieren ihre Menschlichkeit und Spontaneität und mutieren zu Highlights im Weltplan einer Intelligenz, die es in ihrer Allmacht und Allweisheit gleichwohl daran hat fehlen lassen, die Welt so einzurichten, daß erst gar niemand gnadenbedürftig wird.

So stellt, bei Lichte besehen, der Protest gegen das Äquivalenzprinzip auch die Instanz zur Disposition, an die er im Hiobbuch adressiert ist: den Weltschöpfer. Allerdings ist der Äquivalenzgedanke ungleich älter als der Monotheismus. Er hat klein angefangen – gerade nicht als Prinzip, als Attribut eines allmächtigen Weltschöpfers, sondern als Notwehr schwacher, traumatisierter Wesen, die durch die Flucht nach vorn, durch eigenständige Wiederholung des Naturschreckens Ausgleich, Milde, Verschonung in die Welt zu bringen suchten. Äquivalenz kann freilich nur als Übergangsmaßnahme (theologisch gesprochen: als ein Vorletztes) besänftigende, lindernde Wirkung ausüben, also nur solange sie darauf aus ist, sich selbst überflüssig zu machen und in Verhältnisse zu münden, die derart einvernehmlich sind, daß sie jegliche Art von Ausgleichsleistungen erübrigen. Anders gesagt: Im versöhnten Zustand würde die Äquivalenz aufhören. Solange sie als sein Platzhalter fungiert, hat sie humane Kraft. Sobald sie als eigenständiges Prinzip wirkt (theologisch gesprochen: als ein Letztes), will sie nicht mehr aufhören. Ihre mildernde Wirkung schlägt in die rücksichtslose Gleichsetzung von Verschiedenem um. Gerechten Ausgleich schafft sie nach dem Motto »Reim dich oder ich freß dich«. Einmal als Prinzip etabliert, entwickelt sie Sogwirkung und nimmt monotheistische Allüren an, auch wo sie den Gottestitel gar nicht ausdrücklich führt.

Davon zeugt nichts besser als der zwanghaft expandierende Weltmarkt, der tendenziell allen Gütern und Handlungen Warenstatus aufdrückt und allen Empfängern von Mildtätigkeit das Stigma der Minderwertigkeit. Er ist zwar kein Weltschöpfer, sondern bloß menschengemacht. Aber er ist allein schon dadurch gottartig, daß er keinen bestimmten Ort mehr hat, sondern, zumindest auf Erden, überall waltet. Und er wird nicht bloß glaubend behauptet, sondern beweist seine Existenz täglich selbst und genießt über alle herkömmlichen Religionen und Konfessionen hinweg tätige Verehrung. Er ist der faktische anonyme Gott des Globalisierungszeitalters – der erste monotheistische, der nachweislich real existiert. In ihm ist der Monotheismus ganz irdisch geworden. Er »ward Fleisch« und ist seither schwerer denn je zu verscheuchen. Doch schon das Buch Hiob zeigt an, wo der Hebel dafür anzusetzen wäre: an der zum Prinzip aufgespreizten Äquivalenz. In einer Welt, in der nichts mehr umsonst sein darf und für alles ein Preis, ein Äquivalent, eine Funktion, ein Sinn vorgesehen ist, hat der biblische Hiob nicht leben wollen. Zu Recht.